Recetas para Javier

Los platos que hemos comido en casa: mis propias
recetas y las que he adaptado a mi manera

Paloma Soler

Introducción

A ti como a mí nos gusta cocinar, porque
nos divertimos haciéndolo, especialmente
si es para que otros disfruten de lo que
hemos preparado. Eres básicamente
autodidacta, como yo, porque a ti tampoco
te gusta que nadie te diga lo que tienes
que hacer. Lo sé. Pero con el tiempo he
aprendido que si se quiere avanzar, a
menudo es buena idea fijarse en lo que los
demás hacen, para aprender de quien algo
te puede enseñar.

Ese es el objetivo de este libro:
transmitirte mis conocimientos para que
los desarrolles y los mejores con tu propio
instinto y con tu propia creatividad. De
ese modo cocinar seguirá siendo más una
diversión que una obligación

Contenido

Aperitivos

Los aperitivos son, probablemente, una de las elaboraciones culinarias más sujetas a la moda, que es, por definición, cambiante. Pueden ser tan simples como una bolsa de chips, o tan complejos y elaborados como la imaginación permita. Y si bien su finalidad es abrir el apetito y establecer un marco de relación social en torno a la comida y la bebida antes de pasar a la mesa, no hay que permitir que puedan llegar a convertirse en un sustituto de la comida propiamente dicha, salvo que esa sea precisamente nuestra intención. Por lo tanto es preferible ser tanto más mesurado en su cantidad y diversidad, como interés tengamos en que los comensales den buena cuenta de los platos principales.

Conos rellenos

Es un aperitivo efectista, que llama la atención y queda muy de fiesta si se montan con un poco de gracia. Estos miniconos se encuentran en algunos supers y van mejor para alimentos "salados" que los típicos de galleta para los helados. Por cierto, también sirven para preparar postres.

Ingredientes

Conos de Salmón:

150 gr. de salmón ahumado
125 gr. de Mascarpone
  2 cucharadas de nata
    sal, pimienta,
    eneldo

Conos de Aguacate:

  1 aguacate
    tomates cherry
    cebollino
  1 lima (o 1 limón)
    Tabasco
    sal y pimienta

  1 manga pastelera
  2 conos por comensal
  1 cuenco lleno de arroz para
    clavar en él los conos

Instrucciones

Conos de Salmón:

Mezclar el Mascarpone, la sal y la pimienta. Añadir 2 cucharadas de nata líquida y batir la mezcla hasta que tenga consistencia.

Cortar el salmón en trocitos muy pequeños y añadirlos a la mezcla junto con el eneldo. Mezclar todo bien e introducirlo en los conos con la ayuda de una manga pastelera. Decorar con eneldo, salmón...

Conos de Aguacate:

Triturar un aguacate y mezclarlo con tomate cherry y cebollino, picado todo muy fino. Aliñar con zumo de lima o de limón, un par de gotas de tabasco (no más), sal y pimienta. Mezclar bien e introducirlo en los conos con la manga pastelera. Decorar

Se pueden realizar conos con cualquier tipo de mezclas consistentes.

Dados de Bacalao confitado sobre cama de tomate rallado, con olivas de Kalamata

Un aperitivo que es casi como un primer plato, algo que hay que tener presente a la hora de diseñar el menú.

La calidad de los ingredientes es esencial, ya que son los que le van a dar un sabor simplemente bueno, o magnífico.

La presentación es el otro punto clave.

Instrucciones

Cortar los lomos de bacalao en dados regulares, desechando aquellos trozos que tengan mala forma.

Sobre la propia bandeja de presentación, rallar tomate hasta formar una cama no muy gruesa, pero que sí cubra bien el fondo.

Colocar encima los dados de bacalao y las aceitunas, de forma que resulte una bonita presentación.

Espolvorear con muy poca sal, pimienta y orégano. Rociar con un buen aceite de oliva virgen extra

Ingredientes

200 gr. Bacalao desalado en lomos y sin espinas
3 Tomates maduros
Aceitunas de Kalamata
Sal, pimienta
Orégano
Aceite de oliva virgen extra

20' + 1 h.

Un aperitivo fácil, barato y apetecible siempre.

Receta también válida para unas almejas, unos caracoles de mar, unas navajas...

Berberechos al Vapor con Jengibre y Lima

Ingredientes

1 Kg. de berberechos frescos
1 cucharadita de jengibre fresco picado
1 lima
  cilantro fresco
  aceite de oliva
  sal

Instrucciones

Dejar los berberechos sumergidos en agua con sal 1 hora para que escupan la tierra. Aclarar bien y escurrir.

Calentar aceite en una cazuela y añadir los berberechos junto con el jengibre y el cilantro, bien picados. Saltear a fuego medio, tapar la cacerola y esperar que los berberechos se abran.

Pasarlos a la fuente de servir y espolvorear por encima la piel rallada de la lima.

Croquetas de Cabrales y Membrillo

Este es uno de esos aperitivos que enloquece a todo el mundo, pero no resulta fácil de elaborar y que quede perfecto: que no se rompan, que no se tuesten en exceso o se deformen... Pero desde luego su sabor bien vale el esfuerzo de intentarlo. Con tiempo, eso sí, porque en la cocina se organiza un buen zafarrancho de combate que habrá que limpiar.

Ingredientes

1/2 l. de leche
100 gr. queso de cabrales
100 gr. de harina
 65 gr. de mantequilla
 50 gr. de membrillo
200 gr. pan rallado
  4 huevos
     pimienta blanca
     nuez moscada en polvo
     aceite de oliva
     sal

Instrucciones

Hacer una salsa bechamel (ver receta en Salsas y Guarniciones) y unos minutos antes de terminar de cocerla, se añade el queso y el membrillo, cortado a dados. Se salpimenta y se termina la cocción. Habrá quedado una salsa espesa.

Se extiende en una bandeja plana y no muy profunda y se deja enfriar en la nevera 4 horas, hasta que quede una pasta.

Con porciones de pasta se van formando bolitas con las manos. Se pasan por huevo batido, a continuación se pasan por pan rallado y se fríen en abundante aceite de oliva bien caliente. Es conveniente no introducir en la sartén más de 5 o 6 bolitas cada vez, ya que si el aceite se enfría, tienden a romperse.

Se deja que escurran el aceite sobrante sobre un papel de cocina, se montan en el plato de presentación y se sirven, mejor frías.

Blinis

Estas pequeñas tortas que son los blinis dan mucho juego, porque combinan estupendamente con multitud de ingredientes tanto dulces como salados: quesos cremosos, ahumados, embutidos, foie, cremas espesas como el guacamole o los patés, frutas, membrillo, frutos secos, crudités como el apio, la zanahoria, rábanos...

Así que lo único que se necesita para preparar un aperitivo apetecible, ligero, sabroso y bien presentado, es elegir aquellos productos que más nos apetecen y combinarlos con gracia.

Existen blinis pequeños, de unos 5 cm. de diámetro, y blinis grandes, de unos 12 cm. de diámetro. Posiblemente los más pequeños son los más adecuados para un aperitivo.

Calentados unos minutos en el horno antes de incorporar los ingredientes ganan en sabor.

Estos "Chupitos" se pueden preparar con sucedáneo de caviar negro o mújol, pero también con caviar rojo, que son las huevas de salmón. A mi me gustan más estos segundos. La receta es la misma para los dos.
Se puede completar con otros ingredientes, como confitura de manzana, de lima, de naranja...

Chupitos de Puré y Caviar

Ingredientes

1 bolsa de copos de puré de patata con leche
1 tarrina de mújol o
1 tarrina de huevas de salmón
sal y pimienta
nuez moscada en polvo
mantequilla
aceite de oliva virgen

2- 3 vasitos o copitas por comensal

Instrucciones

Preparar el puré de patata. Antes de terminar de batirlo, añadir una pizca de nuez moscada en polvo y un dadito de mantequilla.

Poner en el fondo de cada vasito o copa el caviar (rojo o negro), hasta 1/3 de la altura total. Rellenar con el puré el resto, pero sin llegar al borde. Entre ambos puede añadirse alguna confitura que ligue bien con el caviar (rojo o negro).

En la superficie, salpimentar y regar con un chorrito de aceite de oliva virgen extra. Una alternativa es sustituirlos por canela, pero no a todo el mundo le gusta: es más arriesgado.

Sopas y Cremas

Apetecibles en invierno y refrescantes en verano, son platos de "toda la vida", pero que se prestan muy bien a la creatividad y al descubrimiento de nuevos sabores, imaginativas mezclas y elegantes presentaciones.

Y además, ¿por qué limitarse al plato hondo tradicional habiendo copas de muy variadas formas y tamaños, boles y recipientes divertidos y extravagantes, productos naturales que pueden ejercer de contenedor, como panes, quesos, caparazones de mariscos, melones o sandías vaciados?...

Las sopas y cremas pueden parecer aburridas, pero proporcionan la excusa ideal para una "puesta en escena" que convierta en pura diversión el trabajo de cocinar. Por no hablar de lo halagados que se sienten los invitados...

Salmorejo de Salmón

Se trata de una variación sorprendente del salmorejo clásico, que gusta a todo el mundo y que, servido en una copa de bonitas líneas, resulta elegante y adecuado para cenas de verano con estilo.

Aunque es recomendable dejar macerar todos los ingredientes durante unas horas para realzar el sabor, no es realmente imprescindible. Se puede hacer y servir directamente con un muy buen resultado.

Ingredientes

1,2 Kg. de tomates maduros
30 gr. de pimiento rojo
100 gr. pan de chapata
100 gr. salmón ahumado
250 ml. aceite de oliva virgen extra
20 ml. vinagre
sal, pimienta,
cebollino
comino en polvo

Instrucciones

El día anterior (o un rato antes) triturar todos los ingredientes juntos y ponerlos a macerar en la nevera.

Pasar todos los ingredientes ya macerados por la batidora, hasta que quede una crema muy fina. Pasarla a continuación por el chino, para que quede una crema aún más fina y sin restos de pieles ni pepitas. Este paso es importante. Si no se dispone de chino, se puede colar utilizando un colador de rejilla muy fina, con la ayuda del mazo del mortero.

Se reserva en la nevera, tapado, hasta la hora de servir: mejor en copa de cristal de boca ancha, de cóctel por ejemplo, decorando con unas ramitas de cebollino, unos trocitos de salmón (o de bacalao ahumado)...

Crema A mi Manera

Aunque esta crema se puede servir tanto fría como caliente, es más aconsejable para el invierno, ya que resulta un plato "contundente". Sin embargo es de un delicado sabor y gusta y sorprende por igual. Resulta por ello muy indicada para una cena o comida con invitados.

Ingredientes

1 Kg. de calabacines
1 Kg. de berenjenas
1 pimiento morrón
1 l. de nata líquida
1 gr. de azafrán
  azúcar blanco
  sal y pimienta

Instrucciones

Lavar, pelar y cortar en dados pequeños los calabacines, las berenjenas y el pimiento morrón.

Saltearlos en aceite de oliva. Cuando están ya casi bien cocidos, añadir 2 cucharadas soperas de azúcar, sal y pimienta y sofreír bien para que se caramelice.

Añadir la nata y el azafrán previamente tostado y molido, mezclar bien y dejar reducir 10' a fuego medio-lento.

Triturar bien, primero con la batidora y después pasar por el chino, hasta obtener una textura untuosa y cremosa. Reservar tapado hasta la hora de servir, ya que tiende a oscurecerse si le toca el aire por la oxidación de la berenjena.

Crema de Guisantes a la Menta

Un plato sencillo, delicado y sabroso para comer en primavera, que es cuando se pueden encontrar frescos. Con guisantes en conserva este plato no queda tan bien

Ingredientes

- 2 Kg. de guisantes con vaina
- 1/5 Kg. de patatas
- 50 gr. mantequilla
- 3 puerros
- 1 cebolla
- 2 ramilletes de menta fresca

Instrucciones

Desgranar los guisantes.

Lavar, pelar y trocear las patatas, la cebolla y los puerros.

Saltear a fuego lento en mantequilla la cebolla, los puerros y la mitad de la menta, sin que se dore, durante 5'.

Añadir 2 l. de agua fría, llevar a ebullición, añadir las patatas, salpimentar y cocer 15'.

Añadir los guisantes y el resto de la menta, y cocer otros 7'.

Pasarlo todo por la batidora hasta que quede una crema fina y, si no se ha de comer al momento, guardarlo enseguida en la nevera, tapado, para que se mantenga bien verde.

5'   + 3 h.

Sopa Fría de Melón

Un plato muy veraniego, que se preparar en un periquete,
y que servido en medios melones cantalupos a modo de
plato, queda espectacular.

Ingredientes

1	melón
200	ml. de Crème Fraiche
200	gr. queso Philadelphia natural
1	lima
1	loncha de jamón serrano por comensal
	menta o hierbabuena
	sal y pimienta

Instrucciones

Trocear el melón en tacos (sin piel ni pepitas) y añadir los
quesos y la crema, el zumo de la lima y las hierbas muy picadas.

Salpimentar y batir con turmix o batidora, hasta que quede una
crema o una sopa muy fina. Si es necesario, pasar por el chino.

Enfriar al menos 3h. en la nevera.

Colocar las lonchas de jamón entre papel vegetal (por debajo y
encima) y colocarlas en el microondas con peso encima (por
ejemplo un plato). Cocer a máxima potencia 4 ó 5 segundos,
hasta que quede crujiente. Se rompe en trozos pequeños y se
espolvorea sobre la sopa, ya servida, en su plato, copa, bol...

Crema de Calabacín

Un plato cotidiano, apetecible en invierno, fácil y rápido de preparar.

Ya servido, puede espolvorearse con queso parmesano rallado, con unos daditos de pan tostado, con taquitos de jamón o calabacín crudo... o poner estos ingredientes en la mesa y que cada uno se sirva lo que le apetezca.

Puede utilizarse leche descremada para reducir más sus escasas calorías.

Ingredientes

4   calabacines
1   l. de leche
1   tarrina de crema de
    queso Camembert
    queso rallado
    taquitos de jamón
    dados de pan tostado
    nuez moscada en polvo
    sal y pimienta

Instrucciones

Poner la leche a hervir en una olla, a fuego medio para que no se queme.

Mientras, pelar y trocear los calabacines. Cocerlos durante 15' cuando la leche esté a punto de hervir, a fuego medio. Escurrirlos muy bien y pasarlos de nuevo a la olla. Incorporar la crema de Camembert y aliñarlos con sal, pimienta y una pizca de nuez moscada. Triturar con la batidora hasta que quede una crema muy fina. Ahora ya se puede trasladar a la fuente o sopera de servir.

Para hacerlo un plato más interesante, se puede acompañar de los "aderezos" que la imaginación (y la despensa) permitan: dados de pan, tacos de jamón, lascas de parmesano... Y se puede servir en recipientes menos convencionales que una plato o un bol.

Otro plato cotidiano fácil y rápido de preparar, muy sabroso y que admite variantes interesantes, como incorporar patata o zanahoria en la crema, completar con unas gambas cocidas y peladas... Su principal inconveniente son sus muchas calorías...

Crema de Calabaza

Ingredientes

- 4 Kg. de calabaza
- 1/2 l. caldo de pollo
- 1 trozo de jengibre fresco
- 1 dl. de nata líquida
  sal y pimienta

Instrucciones

Pelar, despepitar y trocear la calabaza en dados, que se ponen en una cacerola a hervir con una cucharada de aceite y sal, cubiertos justito de agua, durante 20'.

Se escurren y se trituran con la batidora. A continuación, se sigue batiendo mientras se añade poco a poco caldo de pollo, hasta obtener la textura deseada.

Se pela el jengibre y se ralla hasta obtener una cucharadita y media. Se añade, se salpimenta y, cuando la crema esté templada, se incorpora un poco de nata, al gusto.

Una variante es utilizar curry en vez de jengibre.

Caldo de Pollo

Este caldo se toma a menudo como sopa, pero también se emplea en multitud de guisos como sustituto del agua, ya que le da al plato un plus de sabor.

Como se tarda varias horas en prepararlo y en la vida diaria no se dispone habitualmente de tanto tiempo, resulta muy práctico preparar varios litros y congelarlo en porciones de varios tamaños, para utilizarlo como ingrediente de un guiso o como primer plato de una comida. Su sabor no se verá alterado, pero hay que tener en cuenta que siempre se debe congelar cuando ya está completamente frío y que no hay que llenar el recipiente hasta el borde.

Ingredientes

(para 4 litros de caldo)

- 3 Kg. de carcasas de pollo
- 1/2 gallina
- 1 zanahoria grande pelada y a rodajas
- 1 hueso de caña
- 1 hueso de rodilla
- 1 hueso de jamón
- 1 apio con hojas y troceado
- 1 nabo pelado y troceado
- 1 diente de ajo pelado
- 1 cebolla grande pelada y troceada
- 1 hoja de laurel
- 8 granos de pimienta perejil fresco

Instrucciones

Colocar en el fondo de una olla alta y grande todos los ingredientes, con las aves y los huesos en el fondo y encima las verduras. Añadir agua fría hasta cubrirlo todo sobradamente y poner a hervir, a fuego medio, sin remover. En cuanto empiecen a formarse burbujas en la superficie, bajar el fuego a suave y durante un rato ir retirando con una espumadera la espuma grisácea que se forma en la superficie.

Dejar cocer así, destapado y a fuego suave, sin que burbujee, durante dos horas y media. Cada media hora más o menos hay que volver a retirar la espuma que se forme. Hay que mantener los ingredientes cubiertos en todo momento, así que, si es necesario, se puede añadir más agua durante la cocción.

Cuando esté listo habrá que colar el caldo con un colador muy fino, incluso cubierto con una gasa, para evitar que quede en el caldo ningún resto sólido.

Una vez frío, se retira toda la grasa que haya quedado medio solidificada en la superficie y se distribuye en los recipientes necesarios para su congelación o para reservarlos en la nevera unas horas o incluso unos días. Se formará otra capa sólida de grasa en la superficie, que será mejor retirar antes de utilizarlo.

Fumet de Pescado

El fumet es un caldo de pescado muy concentrado, por lo que se utiliza habitualmente para reforzar el sabor de otros platos, como las paellas de marisco, las fideuàs... Sin embargo su sabor es tan bueno que también puede tomarse como una simple sopa de pescado.

Como su elaboración lleva también bastante rato e incluye muchos pescados, lo más aconsejable es preparar una gran cantidad y congelar, en raciones, el que no se tenga que utilizar ese día. Así siempre se dispondrá de fumet para improvisar una comida o una cena.

Ingredientes

(para 2 litros de fumet)

- 2 Kg. de cabezas y espinas de pescado blanco limpias
- 1 cebolla grande (a rodajas)
- 1 puerro grande (sólo la parte blanca) a rodajas
- 2 ramas de apio (a rodajas)
- 1 hoja de laurel
- 10 granos de pimienta
- 200 ml. de vino blanco seco perejil fresco tomillo fresco aceite de oliva

Instrucciones

Dejar el pescado en remojo 15' en un bol con agua fría, para eliminar restos de sangre e impurezas. Corta las espinas en trozos

En una olla alta y con tapa rehogar en aceite y a fuego lento durante 5' la cebolla, el puerro y el apio, tapados pero removiendo de vez en cuando para que no se doren.

Mientras, se prepara un atadillo con las hierbas aromáticas (también sirve una gasa o una bolsita apta para cocinar) y se añade a la olla, junto con el pescado escurrido y el vino. Se agrega agua hasta que cubra muy sobradamente todos los ingredientes, se sube el fuego al máximo y, sin remover, se deja cocer hasta que empiezan a formarse burbujas en la superficie.

En ese momento se baja al mínimo y, con la ayuda de una espumadera, se retira con cuidado toda la espuma grisácea que hay en la superficie.

Se deja cocer 2 horas tapado y a fuego lento, evitando que hierva. Pasado ese tiempo se cuela bien y ya se puede utilizar, o congelar una vez se haya enfriado.

Huevos y Entrantes

··

En esta categoría entrarían muchos de los que se pueden considerar "primeros platos", así que es un grupo muy ecléctico y heterogéneo. Sin embargo la mayor parte de ellos pueden ser perfectamente "plato único", ya que, en si mismos, reúnen los nutrientes que una comida necesita, con su ración de verduras y vegetales acompañando a las proteínas e hidratos de carbono.

Es buena idea tener siempre en la despensa los ingredientes básicos de estos platos, porque de esa forma siempre se podrá improvisar una comida o una cena. Si esos ingredientes que llenan la despensa y la nevera son además de bajas calorías en su mayor parte, las elaboraciones a que den lugar también serán, en general, no muy calóricas.

Pastel Frío de Salmón

Instrucciones

Picar bien 100 gr. del salmón, los pepinillos, la cebolla, los huevos cocidos y 50 gr. de la ensalada. Añadir el atún y mezclar todo junto en un bol. Añadir 3 cucharadas de mayonesa y terminar de mezclar bien.

Forrar el recipiente alargado (tipo *plumcake)* con papel film en forma de cruz, con 2 capas generosas, una horizontal y otra vertical, de forma que sobre mucho papel por los lados. Tiene que quedar muy bien pegado al fondo, sobretodo en los cantos y esquinas.

Colocar lonchas de salmón cubriendo el fondo y las paredes laterales. A continuación colocar en el fondo, sobre el salmón, una rebanada de pan de molde y cubrirla con relleno, de un dedo de grosor, bien compactado. Colocar encima otra rebanada de pan, volver a rellenar un dedo más y colocar la tercera rebanada, que será la base del pastel.

Con el papel film que ha sobrado por los lados, se cierra bien el pastel, en forma de cruz, y lo bastante ajustado como para que quede consistente. Se introduce en el frigorífico con bastante peso encima (por ejemplo 2 briks de leche apilados) para ayudar a hacerlo todavía más compacto, y se deja reposar durante al menos 4 horas. Cuanto más frío, mejor se podrá desmoldar y cortar y menor será el riesgo de que se desmorone.

Se da la vuelta al "paquete" sobre una bandeja rectangular como si fuera un flan, y con unas tijeras se corta el papel film y se retira con cuidado. Se decora por encima al gusto: unas bolitas de mayonesa, unas bolitas de mújol o huevas de salmón, unos tomatitos cherry, huevos de codorniz, rodajas de pepinillos...

Ingredientes para el relleno:

- 100 gr. de salmón ahumado
- 20 pepinillos pequeños
- 1/2 cebolla dulce
- 3 huevos cocidos
- 3 latitas de atún en aceite
- 50 gr. de ensalada variada
- 3 cucharadas de mayonesa light
- 3 rebanadas largas (25x15 cm. aprox..) de pan de molde sin corteza

Ingredientes para la decoración

- 250 gr. de salmón ahumado
- 3 cucharaditas de perlas de caballa, de mújol o de huevas de salmón
- 100 gr. de ensalada variada (brotes tiernos)
- 3 cucharaditas de mayonesa

Todos aquellos ingredientes que se te ocurran: tomates cherry, alcaparras, huevo duro, pimiento morrón, frutos secos...

- 1 recipiente para *plumkake* papel film transparente

Éste es un plato ideal para recibir invitados, porque se puede preparar con antelación y dejarlo hecho, ya que se come frío. Además puede resultar muy llamativo si se invierte un poco de tiempo y de creatividad en decorarlo. En fin, ideal para quedar bien con poco trabajo

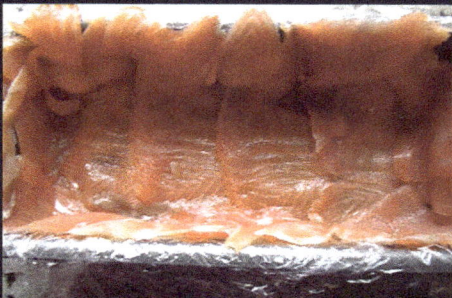

Calçots al horno

La forma ideal de preparar y comer los calçots es al aire libre, sobre unas buenas brasas. Pero como no siempre eso es posible, la preparación al horno es una buena alternativa, siempre que sea para pocos comensales, ya que no es posible hacer más de dos manojos a la vez, por la propia capacidad del horno.

Ingredientes

2 manojos de calçots
1 periódico

Salsa Romesco

Instrucciones

Precalentar el horno a 250°. Mientras se calienta, hay que limpiar los calçots para quitarles la tierra, pero es mejor no utilizar agua, ya que estropea su sabor. Es preferible cortar la punta de la parte verde así como la raíz, y después arrancar la primera capa del calçot estirando de ella desde la punta y hasta la raíz: con ella se va la tierra y queda limpio.

Colocarlos, NO amontonados, en una o varias bandejas del horno, y asar durante 30'. Se sabrá que están listos porque al apretarlos están blandos. Se sacan del horno y se mantienen calientes envueltos en varias hojas de periódico. Servir con salsa romesco (receta en "Salsas y Guarniciones").

Pastel de Atún

Ingredientes

9 láminas de pan de molde sin corteza (30x10)
250 gr. atún en aceite (escurrido)
250 gr. tomate frito
4 huevos duros (la clara)
100 gr. mayonesa
100 gr. lechugas variadas
sal, pimienta, orégano
aceite de oliva

ingredientes para la decoración (pimiento morrón, mújol, pepinillos, alcaparras, aceitunas, tomatitos...)

Instrucciones

Mezclar bien el atún (escurrido) y el tomate, hasta que quede una pasta consistente. Enfriar en la nevera media hora. Picar un poco las lechugas y las claras de los huevos duros, mezclar bien y aliñar con sal, pimienta y unas gotas de aceite de oliva.

Cubrir con papel film el fondo y las paredes de una bandeja o molde, dejando bastante papel sobrante. Cubrir el fondo con láminas de pan y extender la mezcla de tomate y atún (un dedo de grueso). Cubrir con otra capa de láminas y extender la mezcla de lechuga y clara de huevo picada. Tapar con una tercera capa de láminas. Cerrar bien apretado todo el pastel con el papel film sobrante y dejar reposar en la nevera 2 ó 3 horas*, mejor con algo de peso encima para darle mayor consistencia.

Pasado ese tiempo, colocar sobre la fuente de servir, retirar el papel film, embadurnar la capa superior de láminas de pan con mayonesa y decorar.

Las horas en la nevera no son imprescindibles, pero mejoran la consistencia del pastel.

Coca de Cebolla y Brie

Puede servir como
aperitivo o como
primer plato, en
función del tamaño o la
cantidad de cocas.

Queda muy
"sofisticado", sobretodo
si se consigue darle
una forma impecable a
las cocas.

Ingredientes

200	gr masa de hojaldre
8	cebolletas tiernas
16	lonchas finas de queso Brie
4	cucharadas de pasta de olivas negras
1	huevo
1	vasito de aceite de oliva virgen de buena calidad

Instrucciones

Precalentar el horno con calor inferior y superior a 190º y poner
agua a hervir. Cuando entre en ebullición, hervir las cebolletas
durante 3'. Escurrir y reservar.

Cortar la masa de hojaldre en rectángulos de 20 cm. de largo
por 10 cm. de ancho, con un grosor de 0,5-1 cm. Hundir un poco
el centro, de forma que queden con forma de "bandeja" con
reborde perimetral. Pincharlos con el tenedor varias veces en el
centro hundido, pero no en los bordes, para que no se hinche en
el horno deformando la "bandeja". Pintarlos con huevo batido.

Pelar las cebolletas, cortarlas por la mitad a lo largo y montar 2
cebolletas en cada lámina de hojaldre. Hornear durante 8' y
sacar del horno. Colocar encima de las cebolletas el queso Brie,
cubriéndolas y hornear 8' más. Si la parte central del hojaldre
ha subido, volver a pincharlo varias veces, para que se
mantenga estable y no vuelque la cebolla y el queso.

Mientras, mezclar la pasta de olivas con el aceite de oliva.
Rociar con esta salsa las cocas una vez termine la cocción.

Tartar de Salmón

Como es lógico, el sabor de este plato va a depender absolutamente de la calidad del salmón, tanto del crudo como del ahumado, que no ha de ser salado.

En cuanto al resto de ingredientes, permite múltiples variaciones

Ingredientes

Para el tartar:
600 gr. salmón fresco
300 gr. salmón ahumado
    3 huevos duros
    2 cucharadas de cebollino picado
    1 lechuga cortada juliana
    3 aguacates

Para la vinagreta:
    1 cucharada de mostaza
        zumo de limón
        aceite de oliva
        sal y pimienta
        soja
        eneldo

Para la presentación del plato es conveniente contar con moldes redondos, triangulares o cuadrados

Instrucciones

Trocear muy bien todos los ingredientes del tartar salvo el salmón ahumado, y mezclarlos en un bol grande.

Aliñarlos con un poco de sal, pimienta, eneldo, soja y zumo de limón.

Montar cada tartar en un plato con la ayuda de un molde.

Cubrir cada tartar con una loncha de salón ahumado y reservar en la nevera.

Preparar una vinagreta con los ingredientes detallados y rociar con ella cada tartar antes de quitar el molde.

Decorar y servir

Carpaccio de Bacalao

En poca cantidad, este plato puede servir también como un aperitivo, un tanto "lujoso", eso sí, ya que el bacalao ahumado de buena calidad es incluso más caro que el salmón ahumado. Y este entrante sólo puede hacerse con pescado de excelente calidad para que el sabor sea realmente bueno y valga la pena. Sin embargo hay una alternativa más económica, pero también interesante: la trucha ahumada. O los arenques ahumados, pero éstos ya sólo para comensales del norte de Europa, acostumbrados a su sabor.

Ingredientes

100 gr. bacalao
    ahumado
1 lata de pasta de
    anchoas
1 tomate maduro
    pimienta
    aceite de oliva
    virgen extra

Instrucciones

Montar en el plato en el que se vaya a servir las lonchas de bacalao ahumado, bien distribuidas y cubriendo todo el fondo.

Rallar el tomate y, sin pieles ni semillas, distribuir un poco por encima del bacalao.

Mezclar la pasta de anchoas con el aceite de oliva hasta hacer una salsa. Rociar con ella el tomate y aliñar con un poco más aceite y pimienta negra recién molida. Para darle un toque más sofisticado, se pueden añadir al final unos trocitos de trufa bien picadita. Se puede añadir también un poco de eneldo fresco picado.

Fajitas

El típico plato mejicano, pero hecho a mi manera. Esta receta es con pollo, pero puede hacerse igualmente con ternera o lomo de cerdo.

Para darle un plus de sabor suelo utilizar especias cajún, pero no son imprescindibles.

Ingredientes

6 tortillas de maíz
1 pechuga de pollo
1/2 pimiento verde
1/2 pimiento rojo
1/2 cebolla
3 cucharadas tomate frito
2 cucharadas pasta de tomate seco
1 sobre de sazonador para fajitas
   pimienta de cayena
   sal, pimienta negra
   especias cajún

Instrucciones

Saltear el pollo cortado en juliana, aliñado con sal, pimienta y orégano. Cuando el pollo está hecho, añadir los pimientos y la cebolla, también cortados en juliana. Rehogar 5' y añadir el sazonador de fajitas. Mezclar bien y cocer 2' más.

Preparar la salsa en un bol con el tomate frito, la pasta de tomate seco, 1 cucharada de aceite, un pizca generosa de pimienta de cayena y otra de especias cajún, mezclando bien todos los ingredientes.

Calentar las tortillas de maíz como indique el envase y montar las fajitas con el guiso de pollo y hortalizas y una cucharada de salsa por encima. Cerrar con cuidado y servir.

Wok

El wok es básicamente un guiso de verduras y carne (pollo, cerdo o ternera) o pescado (gambas, salmón, atún...), cocinado en una olla especial y con abundantes especias asiáticas. Ésta es una de las maneras cómo yo lo preparo. Pero sirve cualquier otra, con lo que haya en la despensa y en la nevera.

Ingredientes

1	pechuga de pollo
1	pimiento rojo
1	pimiento amarillo
1	pimiento verde
6	espárragos verdes
1	cebolla
1	diente de ajo
1	cucharadita de curry
1/2	cucharadita de jengibre
1/2	cucharadita de cúrcuma
50	ml. de salsa de soja
250	gr. tallarines o fideos chinos
	vinagre de arroz
	sal y pimienta

Instrucciones

Cortar el pollo a dados y saltearlo en el wok con un poco de aceite, sal, pimienta y curry (mejor de Madrás, si es posible). Cuando esté dorado, retirar escurriéndolo y reservar.

En el mismo aceite rehogar la cebolla y el ajo cortados en juliana. Cuando estén blandos añadir, también cortados en juliana, los pimientos y los espárragos en taquitos. Saltear y aliñarlos con sal, pimienta, jengibre y cúrcuma. A media cocción añadir la soja y unas gotas de vinagre de arroz.

Cuando estén hechos, añadir las setas cortadas en láminas y el pollo. Rehogar bien. Añadir los fideos o los tallarines chinos ya cocidos y rehogar todo junto dos o tres minutos más.

Croquetas de Cocido

Instrucciones

Hacer una salsa bechamel (ver receta en Salsas y Guarniciones) y reservarla.

Se pica muy fino todos los restos del cocido mezclados (las carnes, chorizos, morcillas, jamón, etc., sin las verduras), teniendo mucho cuidado de eliminar todos los huesecillos, por pequeños que sean, así como las pieles y la grasa.

Se pocha la cebolla en una sartén con aceite y, cuando está hecha, se añade toda la carne, se salpimenta y se rehoga durante 2 o 3'. Se incorpora a la bechamel reservada y se mezcla bien.

La masa resultante se extiende sobre una fuente previamente engrasada con mantequilla, se cubre con papel film para que no se reseque y se deja enfriar en la nevera 1 día. Sólo así podrá trabajarse bien a la hora de formar las croquetas.

Con porciones de pasta, se van formando las croquetas con las manos. Se pasan por huevo batido, a continuación se pasan por pan rallado y se fríen en abundante aceite de oliva bien caliente. Es conveniente no introducir en la sartén más de 5 o 6 croquetas cada vez, ya que si el aceite se enfría, tienden a romperse.

Se deja que escurran el aceite sobrante sobre un papel de cocina y listas para servir.

Ingredientes

1/2 l. de bechamel ya preparada
La carne y embutidos sobrantes del cocido
1 cebolla
100 gr. pan rallado
2 huevos
aceite de oliva

Aunque esta receta es para hacer croquetas con lo que haya sobrado de un cocido o de hacer caldo, es básicamente la misma que para las de pollo, jamón, o cualquier otro ingrediente principal

Para congelar las croquetas sobrantes, hay que colocarlas dentro del congelador en una fuente, sin amontonarlas, durante 12 horas. Al cabo de ese tiempo se introducen en bolsas de plástico que puedan cerrarse. Para utilizarlas no será preciso descongelarlas, sólo freírlas en aceite caliente un par de minutos.

Quiche Lorraine de Jamón y Queso

La quiche es un plato que se puede hacer con infinidad de ingredientes. Y esta receta sirve para casi todos ellos, sustituyendo el queso y el jamón por lo que se quiera.

Ingredientes

- 200 gr. queso Edam rallado
- 200 gr. jamón dulce en taquitos pequeños
- 250 ml. de nata líquida
- 100 ml. de leche
- 5 huevos
- 1 lamina de pasta brisa
- aceite
- sal y pimienta

Instrucciones

Extender la masa brisa y utilizarla para forrar la base y los laterales de un molde con base desmontable. Recortar la masa que sobresalga por encima de las paredes laterales. Cubrir el fondo con papel vegetal y extender una capa de garbanzos secos sobre él, para impedir que la masa suba al cocerla.

Hornear 15' a 180º, quitar los garbanzos y el papel y pintar toda la masa con huevo batido. Hornear 5 ' más.

Mientras, preparar el relleno: batir 4 huevos, mezclar con la nata y la leche y salpimentar.

En la base del molde ya cocido, distribuir la mitad del queso y del jamón. Cubrir con la mezcla de huevo, leche y nata. Distribuir la otra mitad de queso y jamón y hornearlo media hora a 180º, hasta que la masa haya cuajado.

Sacarlo del horno, desmoldar con cuidado y servir.

Patatas a la Riojana

Un auténtico plato tradicional de cuchara, fácil y barato.
Riquísimo.

Ingredientes

6 patatas
2 chorizos ibéricos
1 pimiento verde picadito
1 cebolla picada
3 dientes de ajo, picados
2 pimientos choriceros
2 l. caldo de carne
2 hojas de laurel
1 guindilla
   cebollino picado
   aceite de oliva
   sal

Instrucciones

Poner los pimientos choriceros en agua fría para rehidratarlos, al menos media hora.

Pelar y cortar las patatas en trozos y el chorizo en rodajas (o dejarlos enteros, si se prefiere).

Pochar la cebolla junto con el pimiento verde y el ajo unos 5' y añadir las patatas, el laurel y el chorizo. Rascar los pimientos choriceros por dentro para extraer toda la pulpa y añadirla al guiso, junto con la guindilla. Cubrir todo con suficiente caldo y cocer hasta que las patatas estén tiernas (aproximadamente unos 40').

Sazonar y servir en un plato sopero, con el cebollino picado espolvoreado por encima.

Patatas Guisadas

Con apenas unas patatas y unas especias se puede improvisar un plato sabroso, nutritivo y barato. Por supuesto se puede enriquecer la receta básica con lo que se pueda encontrar en la nevera, como unos pimientos, unos guisantes de lata, un poco de embutido, unas judías verdes, un huevo escalfado agregado al final...

Ingredientes

6 patatas
1 cebolla picada
3 dientes de ajo, picados
2 pimientos choriceros
2 hojas de laurel
1 guindilla o pimienta de cayena
   pimentón de la Vera
   aceite de oliva
   sal

Instrucciones

Poner los pimientos choriceros en agua fría para rehidratarlos, al menos media hora.

Pelar y cortar las patatas en trozos.

Pochar la cebolla junto con el ajo unos 5' y añadir el laurel, la punta de guindilla y la pulpa de los pimientos choriceros. Remover un poco, añadir una cucharadita de postre de pimentón de la Vera y mezclar todo inmediatamente. Añadir las patatas, salpimentar y cubrir todo con suficiente agua. Cocer hasta que las patatas estén tiernas (aproximadamente unos 40').

Sobre este plato tan tradicional se ha innovado mucho en los últimos años. Desde cambios tan simples como añadirle chorizo, butifarra, o sustituir la patata por verduras, hasta "locuras" como utilizar chips en vez de patatas crudas, no cuajarla y servirla en copas, o incluso hacer "torres" de varias tortillas, intercalando quesos y embutidos entre una y otra. Esta receta es la tradicional, pero a partir de ahí...

Tortilla de Patatas

Ingredientes

8 huevos
4 patatas grandes
1 cebolla
   sal
   aceite de oliva

Esta tortilla puede elaborarse gruesa o fina. Si se desea gruesa, se ha de utilizar una sartén más pequeña, para que la mezcla de huevo y patata la llene casi hasta el borde y alcance así un grosor. Si se prefiere fina, se usará una sartén grande, en la que la mezcle quede más extendida y, por lo tanto, menos gruesa.

Instrucciones

Pelar y cortar las patatas en rodajas muy finas. Se puede utilizar una mandolina, pero con mucho cuidado porque lo normal es cortarse.

Se pela y trocea finamente una cebolla, que se sofríe en abundante aceite de oliva. Cuando está transparente, se añaden las patatas y se fríen hasta que queden blandas, pero apenas doradas.

Mientras, se baten los huevos en un bol lo bastante grande. Y cuando las patatas están listas se incorporan. Se añade la sal y se va mezclando todo muy bien con la ayuda de un tenedor.

Se coloca al fuego una sartén "manchada" con aceite de oliva. Su tamaño dependerá de lo gruesa o de lo fina que se quiera la tortilla. Cuando está caliente, se vuelca la mezcla de huevo y patata y se va cociendo a fuego lento, agitando de vez en cuando la sartén para que no se pegue. Con una espátula se va dando forma a los bordes. Cuando se calcula que la parte de abajo está ya cuajada, se da la vuelta a la tortilla con la ayuda de un plato, y se cuaja por el otro lado, agitando de vez en cuando la sartén y"modelando" los laterales con la espátula.

Huevos al Plato

Pocas cosas hay tan fáciles de cocinar y, a la vez, tan apetitosas.
El concepto de este plato es muy simple: unos huevos cocinados al
horno con cualquier cosa que te apetezca y que tengas en casa en ese
momento. Sólo faltará el pan… para mojar

Ingredientes

2   huevos
1   rodaja de chorizo
1   rodajas de butifarra
    guisantes de lata
2   champiñones troceados
2   tiras de pimiento morrón
1   tomate maduro rallados
    pasta de tomates seco
    sal y pimienta
    aceite de oliva

1 fuente de barro redonda por
comensal, tamaño individual

Instrucciones

Precalentar el horno a 180º con fuego inferior y superior. Mientras
alcanza la temperatura, saltear en una sartén brevemente los
embutidos ya cortados y, si acaso, las verduras (han de quedar poco
hechos). Reservar.

Saltear brevemente el tomate maduro rallado (o bien salsa de tomate)
con una cucharadita de pasta de tomate seco, hasta que se mezclen
bien. Distribuirlo por el fondo de cada fuente de barro, previamente
"manchada" con un poco de aceite de oliva. Colocar los embutidos y
verduras salteados, junto con el resto de ingredientes que se desee
añadir. Cascar encima los dos huevos, para que la clara se extienda.
No hay que olvidarse de lavar y escurrir previamente los guisantes, el
pimiento morrón, o cualquier otro ingrediente que venga enlatado.

Salpimentar y hornear unos minutos, hasta que la clara haya cuajado
pero la yema siga blanda. (aproximadamente unos 15-20').

Ya solo queda sacarlos del horno con cuidado, servirlos en las misma
fuente de barro colocadas sobre un plato para no quemar la mesa… y
no olvidarse del pan.

Arroces y Pasta

Como buenos mediterráneos, el arroz y la pasta son nuestras grandes especialidades, quizá porque son los platos que más nos gusta comer, pero también cocinar.

Yo creo que la afición que le tenemos al arroz y a la pasta italiana se debe precisamente a que son los ingredientes básicos que mejor aceptan la creatividad del cocinero, que más formas diversas de elaboración permiten y que mejor integran mil y un ingredientes tanto primarios como de esencias y especias. Son los que más juego dan. Éstos platos son mi juego. Ahora te toca a ti.

Así que... ¡a jugar!

Canelones de Atún

Si hay un plato favorito de la familia es éste. Es sencillo pero sin embargo encanta a niños y adultos, sirve para las comidas cotidianas y las celebraciones, se puede preparar de antemano sólo a falta de gratinar, se improvisa en cualquier momento porque sus ingredientes son de los básicos en cualquier cocina. LO TIENE TODO.

Ingredientes

500 gr. de tomate frito
180 gr. de atún en aceite
1 paquete de hojas de canelones El Pavo*
mantequilla
queso rallado de gratinar
sal

En teoría se puede utilizar cualquier pasta para canelones, pero después de haber probado muchas marcas, sin lugar a dudas El Pavo es, con gran diferencia, con los que quedan mejor.

Instrucciones

En un bol grande mezclar muy muy bien la mitad del tomate y el atún (sin el aceite), hasta que quede una pasta lo más suave y homogénea posible. Dejar reposar 1 hora en la nevera.

Poner a calentar agua en una olla grande, con un chorrito de aceite y un puñado de sal. Cuando rompa a hervir, ir echando los canelones de uno en uno, con cuidado, y remover alguna vez suavemente para que no se rompan durante los 15' de cocción.

Pasado ese tiempo, escurrir muy despacio casi toda el agua, dejando los canelones en la misma olla. Cubrirlos con un poco de agua fría para parar la cocción. Extenderlos de uno en uno sobre una paño limpio y seco. Colocar en el centro de cada canelón un poco de la pasta de atún y tomate y cerrarlos.

Cubrir el fondo de la bandeja del horno con parte del tomate frito restante, bien extendido. Colocar encima los canelones, cubrirlos con el resto del tomate, distribuir por toda la superficie bolitas de mantequilla y espolvorear todo con queso rallado. Gratinar hasta que el queso se haya fundido y dorado.

Macarrones gratinados

Ingredientes

500 gr. de macarrones
250 gr. de tomate frito
  1 cebolla grande
    mantequilla
    queso rallado de gratinar
    sal

Instrucciones

Picar la cebolla y pocharla en aceite a fuego medio. Cuando esté ligeramente dorada, reservar, con el aceite.

Cocer los macarrones en agua hirviendo, con sal y un chorrito de aceite. Escurrirlos bien y volcarlos de nuevo en la olla, vacía. Añadir la cebolla pochada con su aceite y mezclar bien. Añadir el tomate frito y mezclar bien.

Distribuir los macarrones, bien extendidos, sobre una bandeja de horno. Distribuir por encima pequeñas nueces de mantequilla. Cubrir toda la bandeja con queso rallado y gratinar en el horno hasta que el queso esté fundido y dorado.

Éste otro plato compite por el primer puesto con los Canelones de Atún.

Por cierto, una variante que te encantaría es saltear trocitos de chorizo junto con la cebolla.

Tallarines a la Crema de Albahaca

Como todos los tipos de pasta se pueden elaborar con docenas de salsas
y sus innumerables variaciones, no me ha parecido interesante
incluirlos en este libro. Ésta es sólo una de las muchas formas. Tu
sabes ya muchas y todavía más las que se te ocurrirán en el futuro.

Ingredientes

500	gr. de pasta
200	ml. de nata líquida
1/2	cebolla
1	manojo albahaca fresca
	mantequilla
	albahaca en especia
	queso rallado parmesano
	sal y pimienta

Instrucciones

Poner el agua a calentar con sal y un poquito de aceite. Cuando
hierva, tirar la pasta y cocerla al dente durante el tiempo
indicado en el envase.

Mientras tanto, pochar media cebolla en una cazuela con
mantequilla derretida y, cuando esté hecha, añadir la nata y el
manojo de albahaca fresca bien triturado. Salpimentar y dejar
cocer unos minutos, hasta que reduzca.

Escurrir la pasta y colocarla en un bol grande o una fuente
grande. Verter por encima la salsa, añadir un poco de albahaca
en especia y mezclar bien.

Servir con un poco de queso parmesano rallado por encima

Ñoquis con jamón

Instrucciones

Cocer los ñoquis como indique el envase (normalmente se echan en agua hirviendo con sal y aceite y se sacan un par de minutos después de que suban a la superficie). Escurrir y reservar.

En una sartén pochar 1/2 cebolla muy picada, 1 diente de ajo cortado muy fino y una punta de guindilla.

Cuando la cebolla está hecha, añadir unos tacos de jamón serrano y saltear. Añadir la nata. Mezclar bien y cocer unos minutos, hasta que reduzca.

Apagar el fuego, añadir los ñoquis y un poco de orégano y pimienta, rectificar la sal, mezclar bien y servir.

Ingredientes

400 gr. de ñoquis
200 ml. de nata líquida
100 gr. de tacos de jamón
1/2 cebolla
1 diente de ajo
    guindilla
    orégano, sal y pimienta

Los ñoquis son un plato en sí mismos, pero también pueden resultar el acompañamiento ideal de algún plato principal que sea ligero, como por ejemplo unos trozos de lomo o una pechuga de pollo a la plancha.

Al igual de lo que sucede con la pasta, basta con cocerlos y servirlos con innumerables salsas ya preparadas, o bien con las que la propia creatividad -y lo que haya disponible en la nevera- permitan.

Espaguetis con Almejas
(o Spaghetti alle Vongole)

De entre todas las formas de cocinar la pasta, ésta es una de las que más me gusta. No es un plato mío, claro: en Italia está en la carta de casi todos los restaurantes. Pero cada uno lo elabora a su modo. Éste es el mío.

Instrucciones

Antes que nada, poner las almejas en un bol con agua y sal gorda durante 1 hora, para que las almejas escupan la tierra. Pasado ese tiempo lavarlas bien, escurrirlas y reservar.

Mientras se cuecen los espaguetis, en otra cazuela plana lo bastante grande sofreír la cebolla, el ajo, el laurel y un poco de guindilla bien picados. Cuando estén listos, añadir una pizca de pimentón y enseguida saltear las almejas durante dos minutos, añadiendo perejil picado y el vino blanco.

Cocer hasta que las almejas se abran a fuego medio-alto. Entretanto escurrir bien los espaguetis, ya cocidos, y en cuanto todas las almejas estén abiertas, añadirlos a la cazuela (si alguna almeja no se abre, retirarla del guiso y tirarla), mezclar bien durante un par de minutos y servir caliente.

Ingredientes

500	gr. de espaguetis
24	almejas
1	dl. de vino blanco
1	cebolla
1	diente de ajo
	guindilla
1	hoja de laurel
	pimentón de la vera
	sal y pimienta
	perejil fresco

Fideuà

Mi secreto en este plato es tener siempre disponibles en el congelador vasitos de reducción de gambas (ver receta en Salsas y Guarniciones). Por lo demás, yo prefiero utilizar como ingredientes básicos almejas y anillas de calamar, pero puede emplearse cualquier pescado o marisco.

Ingredientes

1 l. fumet de pescado
250 gr. de fideos
2 calamares a rodajas
36 almejas
1 cebolla
1 diente de ajo
1 dl brandy o coñac
pimentón de la vera
sal y pimienta
aceite de oliva virgen
alioli

Antes de cocinar las almejas, deben sumergirse al menos durante 1 hora en agua con sal, para que escupan toda la tierra. A continuación escurrir, lavar bien, y utilizar

Instrucciones

Poner el caldo a calentar. Mientras tanto, en una paellera de suficiente tamaño como para que los fideos no queden muy amontonados, preparar un sofrito con la cebolla y el ajo bien picados. Cuando estén pochados, añadir el brandy, rehogar y a continuación (previamente descongelada) la salsa de gambas. Rehogar un poco más.

Añadir una pizca de pimentón de la Vera e inmediatamente las anillas de calamar. Saltear a fuego medio hasta que estén tiernas.

Incorporar las almejas, saltearlas y , antes de que se abran, saltear los fideos en la paellera para dorarlos un poco.

Añadir caldo necesario lentamente, sin que llegue a cubrir los fideos. Cocer 5', hasta que se consuma el caldo. Dejar reposar 5' o gratinar en el horno, para que los fideos se levanten.

Lo tradicional es aliñar este plato con un poco de alioli (ver instrucciones de preparación en la receta de Arroz Negro).

Arroz con Pollo

No se qué lugar ocupa en tu ranking, pero es sin duda uno de tus favoritos. Esta plato nació de un intento por mi parte de unir en un mismo guiso algunos de los productos que más os gustan: el arroz y el queso derretido gratinado. Un éxito notable y un plato que siempre me pedís, una y otra vez.

Instrucciones

Poner el caldo a calentar en un cazo y en una paellera rehogar la cebolla, el laurel y el ajo bien picados. Mientras, cortar en dados no muy grandes ambas pechugas de pollo.

Cuando la cebolla está hecha, añadir una pizca de pimentón de la vera, rehogar y enseguida añadir los dados de pollo (el pimentón de la vera tiende a quemarse muy rápido, por lo que hay que añadir otros ingredientes enseguida). Saltearlos durante unos minutos, hasta que estén dorados. Al caldo, si ya está caliente, añadirle el azafrán en polvo y remover para que se disuelva bien y todo el caldo tome el color del azafrán.

Cuando el pollo esté listo, añadir el arroz, saltearlo dos minutos, salpimentar y añadir una medida y media del arroz, en caldo: es decir, a 350 gr. de arroz le corresponden 525 ml. de caldo. Cocer unos minutos.

Cuando el caldo ha reducido lo suficiente como para empezar a ver los granos de arroz, hay que cubrir toda la paellera con queso rallado, bajar el fuego al mínimo y cocer 10' exactamente.

Pasado ese tiempo el arroz estará listo para servir; pero aún puede gratinarse en el horno (el queso ya se habrá derretido) si se desea. Si no, es mejor dejarlo reposar 5' antes de emplatarlo.

Ingredientes

- 2 pechugas de pollo
- 350 gr. de arroz vaporizado
- caldo de pollo
- 1 cebolla
- 1 diente de ajo
- 1 hoja de laurel
- azafrán molido
- queso rallado
- pimentón de la vera
- sal y pimienta
- aceite de oliva

Arroz Blanco

Un arroz blanco que no quede pastoso y en el que los granos queden bien hechos pero sueltos, también tiene su técnica.

El arroz blanco es la base de muchos platos, pero también el acompañamiento perfecto de otros muchos.

Instrucciones

Poner a calentar agua en la proporción de 1,5 veces la cantidad de arroz que se vaya a cocinar*. Cuando ya esté caliente, derretir en otro cazo la mantequilla, verter el arroz y rehogarlo levemente, salpimentar, añadir un chorrito de vinagre y rehogar un minuto.

Añadir el agua caliente, remover un poco y dejar cocer a fuego medio-alto hasta que empiecen a vislumbrarse los granos de arroz. En ese momento bajar el fuego al mínimo y tapar la cazuela. Cocer durante 10' exactamente. Retirar del fuego y dejar reposar 5' más, tapado.

Pasado ese tiempo destapar y, con un tenedor, remover el arroz, para que se suelte. Dejar reposar un minuto más y ya estará listo para ser utilizado.

Ingredientes

80 gr. de arroz vaporizado por persona
10 gr. de mantequilla
agua caliente
vinagre
sal y pimienta
ajo en polvo

si se emplea otro tipo de arroz, como el bomba, basmati, redondo... utilizar la proporción adecuada de agua.

El arroz vaporizado requiere 1,5 de caldo por 1 de arroz. El arroz redondo necesita una proporción de 2 a 1. Y el bomba de 2,5 a 1.

Arroz Amarillo

Una guarnición rápida y fácil, pero resultona, que sirve
para acompañar platos de carne o pescados a la plancha o
al vapor. Es una forma de darle un poco de gracia y de
sabor interesante a los vasitos de arroz precocinados que se
venden en los supers para calentarlos al microondas en 1'.
Naturalmente se puede cocinar con tantas variaciones
como la imaginación y la despensa del momento permitan

Ingredientes

2 vasitos de arroz
   integral precocinado
1 trozo de apio
1 trozo de pimiento verde
1 trozo de jengibre
2 chalotas pequeñas
1 lata pimiento morrón
   cúrcuma molida
   sal y pimienta

Instrucciones

Calentar en el microondas los vasitos de arroz, como indica el
envase. Mientras, pochar las cebollitas, bien picadas.

Triturar el resto de ingredientes y añadirlos a las cebollitas.

Cuando esté el sofrito casi listo, añadir los vasitos de arroz,
desmenuzados. Salpimentar, añadir una media cucharadita de
café de cúrcuma, mezclar bien y cocinar a fuego lento un par de
minutos más.

Arroz Negro

Instrucciones

Poner a calentar el caldo en un cazo.

Hacer un sofrito con la cebolla y un diente de ajo bien picados. Cuando comience a dorarse, añadir los tomates, rallados. Alegrar con un poquito de brandy y sofreír 10'.

Limpiar y trocear la sepia, añadirla, y cocer todo junto a fuego medio hasta que la sepia esté blanda.

Añadir el arroz, salpimentar y rehogarlo durante 2'. Añadir la tinta y mezclar todo muy bien. Añadir el caldo ya caliente (en la proporción adecuada al tipo de arroz) y cocer a fuego suave durante 20'.

Mientras, preparar en el mortero el *ali-oli*: machacar un diente de ajo con un poco de sal y, poco a poco pero de forma constante, ir añadiendo el aceite de oliva, batiendo sin parar, hasta que la salsa cuaje.

Ingredientes

600 gr. de arroz
  1 l. fumet de pescado
  1 cebolla
  2 tomates maduros
  1 dl. de brandy o coñac
  1 sepia grande y su tinta
  2 dientes de ajo
    sal y pimienta
    aceite de oliva

El arroz vaporizado requiere 1,5 de caldo por 1 de arroz. El arroz redondo necesita una proporción de 2 a 1. Y el bomba de 2,5 a 1. Para este plato el ideal es el bomba, pero con el vaporizado se tiene la garantía de que no se pasará y de que el arroz quedará al dente.

Arroz Caldoso con Bogavante

Resulta un plato bastante caro y laborioso. Pero hay pocos que le hagan la competencia en las grandes ocasiones. Por esa razón es importante darle una muy buena *puesta en escena*, que ponga en valor el tiempo y el dinero invertido en él. Aunque ahora no te lo parezca, las mesas bonitas animan la conversación porque hacen que la gente se sienta más a gusto y de mejor humor.

Ingredientes

1/2 bogavante / persona
 1   cebolla
 2   dientes de ajo
 1   pimiento choricero
 2   ñoras
 2   tomates maduros
 1   rama de canela
2,5 dl. de brandy
 80 gr. arroz / persona
     pimienta de cayena
     (o guindilla)
     azafrán en hebras
     pimentón dulce
     perejil
 1   nuez moscada
     Caldo de pescado
     (en la proporción
     necesaria para el
     arroz)
     aceite de oliva
     sal y pimienta

El arroz vaporizado requiere 1,5 de caldo por 1 de arroz. El arroz redondo necesita una proporción de 2 a 1. Y el bomba de 2,5 a 1.

Instrucciones

Como este es un plato complicado, conviene tener preparados de antemano todos los ingredientes. Antes que nada, hay que poner en remojo el pimiento choricero y las ñoras para que se hidraten (al menos media hora). Mientras, picar muy fino el ajo, rallar los tomates para dejarlos sin piel ni semillas, pelar y picar la cebolla, tostar ligeramente el azafrán y cortar los bogavantes por la mitad en sentido longitudinal. Cuando el pimiento choricero y las ñoras se hayan hidratado, retirarles las semillas y extraer la pulpa con la ayuda de una cucharita.

Saltear los bogavantes en aceite para dorarlos. Reservar. En el mismo aceite hacer un sofrito con la cebolla y los ajos, media rama de canela, la nuez moscada y una pizca de cayena (o guindilla). Cuando la cebolla esté transparente, añadir el tomate rallado y la pulpa del pimiento choricero y las ñoras. Rehogar. Retirar la canela y la nuez y añadir el pimentón dulce. Mezclar bien y rehogar un poco más.

Cuando haya reducido hasta tener textura de mermelada, añadir el brandy y flambear.

Añadir los bogavantes y el arroz y mezclar bien durante 1'. Añadir el caldo bien caliente -más generosamente que en la proporción adecuada-. Incorporar el azafrán, sal y pimienta. Cocer hasta que el arroz esté en su punto (unos 18-20'), aunque no se haya consumido todo el caldo. El tipo de arroz más adecuado para este plato es el bomba.

Emplatar colocando medio bogavante con sus patas en cada plato.

Risotto de Setas

El risotto se puede elaborar con muchos y muy variados ingredientes principales. En este caso son setas, pero pueden sustituirse por espárragos, judías verdes, otras verduras, carnes, pescados, mariscos... y continuar con la receta. Los pasos son los mismos.

El tipo de arroz ideal para el Risotto es el arborio. Se puede utilizar cualquier otro, pero el resultado es peor.

Ingredientes

100 gr. de setas
100 gr. de judías verdes finas
 60 gr. de mantequilla
  1 cebolla
  2 dl. de vino blanco
1,5 l. caldo de pollo (de verduras, de pescado o de marisco, según cual sea finalmente el ingrediente principal)
400 gr. arroz arborio
 30 gr. queso parmesano rallado
    nuez moscada en polvo, pimienta roja y negra
    sal

Instrucciones

En la mitad de la mantequilla, dorar las setas, las judías y la cebolla, muy picadas.

Añadir el arroz y rehogar durante 1'

Añadir el vino blanco y rehogar hasta que casi se consuma el líquido. A partir de ese momento, ir añadiendo caldo caliente, cucharón a cucharón, mientras se va removiendo todo constantemente. Nunca debe quedarse sin caldo y el fuego ha de ser suave.

A los 17', añadir el resto de la mantequilla, el queso rallado, la nuez moscada, sal y pimienta y cocinar 3' más, removiendo.

Paella

En cualquier recetario español que se precie tiene que constar la paella, aunque bien es verdad que existen tantas recetas como cocineros que la elaboran. A mí personalmente la que más me gusta es la de marisco, pero con los años he aprendido a apreciar otras, como la de verduras. Aunque también es cierto que a esas las llamo, simplemente, "arroces".

Ingredientes

    6 cigalas
   12 gambas
   12 mejillones
    1 calamar grande a rodajas
    1 puñado de almejas
  500 gr. de arroz
  1,5 l. de fumet de pescado*
    1 cebolla grande
    1 diente de ajo
  1/2 dl. de reducción de
       gambas**
       azafrán
       sal y pimienta
       pimentón de la vera

Ver la receta de fumet de pescado en Sopas y Cremas

**Ver la receta de reducción de gambas en Salsas y Guarniciones*

Utilizar la proporción de caldo adecuada al tipo de arroz que se emplee: 1,5 de caldo por 1 de arroz para el vaporizado, 2 a 1 para el redondo y 2,5 a 1 para el bomba. Para la paella mejor el vaporizado, que no "se pasa".

Instrucciones

Limpiar y preparar los mariscos: dejar las almejas en agua con sal gorda durante 1 h. para que escupan la tierra; limpiar los mejillones de los restos adheridos en la concha (comprobando al mismo tiempo que ninguno huele mal o tiene rota la cáscara) y arrancarles la "barba" ; lavar bien gambas y cigalas. Ir calentando el fumet en una olla aparte y diluir en él el azafrán previamente tostado. Descongelar la reducción de gambas que tendremos ya preparada.

En una paellera rehogar la cebolla y el ajo; cuando estén listos, añadir la reducción de gambas, rehogar y saltear las anillas de calamar hasta que se ablanden.
Justo antes de tirar el arroz, añadir un pizca de pimentón de la vera. Rehogar el arroz un minuto y añadir el caldo, bien caliente, en la proporción adecuada. Inmediatamente distribuir de forma estética los mariscos.

Cocer a fuego medio 20' y dejar reposar 5' antes de servir.

Verdura y Legumbres

Las legumbres son el ingrediente principal de esos platos tradicionales "de cuchara" que tanto te gustan. Eso está bien, porque además son muy necesarias para el organismo. Y admiten tal cantidad y variedad de preparaciones, tanto en frío como en caliente, que siempre encontrarás una receta que te guste. Te ofrezco algunas de las que siempre has comido en casa.

La forma tradicional de preparar legumbres es comprarlas secas y dejarlas en remojo desde la noche anterior para que se hidraten. Hoy en día hay soluciones alternativas para ganar tiempo, con resultados igual de buenos: comprar legumbres ya cocidas, o bien comprarlas ya remojadas en algunas paradas de los mercados.

Habitas Tiernas a la Menta Fresca

Este es un plato que merece la pena hacer cuando se pueden encontrar habitas frescas, ya que su temporada es realmente corta. Con habitas en conserva el resultado es bueno, pero no tan bueno.

Ingredientes

2 Kg. de habitas con vaina
2 dl. de nata líquida
    mantequilla
2 cucharadas soperas de
    menta fresca bien picada
    sal y pimienta

Desenvainar las habas es realmente pesado, pero hoy en día en muchas verdulerías disponen de una máquina que las desenvaina a toda velocidad, lo cual supone una gran ayuda. A menudo las venden ya desenvainadas, en bandejas. En esos casos, hay que comprar unos 200 gr. por persona.

Instrucciones

Desenvainar y pelar las habitas y, a continuación, cocerlas en agua hirviendo 4'.

Poner a cocer la nata en una sartén con un poco de mantequilla a fuego medio. Cuando reduzca, añadir las habitas previamente escurridas, la menta, salpimentar y remover con cuidado.

Cocer 5' más aproximadamente a fuego medio.

Fabes con Almejas

Uno de los mejores platos de la gastronomía española. Asturiana concretamente. Un plato de cazuela, de lenta elaboración, rico en nutrientes y delicioso en sabor.

Es preferible cocinarlo con legumbres secas, dejadas previamente en remojo desde el día anterior. Pero también es posible una versión rápida, con fabes o judías cocidas, siguiendo los mismos pasos (sin remojo) y reduciendo el tiempo de cocción a media hora. O comprar las fabes ya remojadas y listas para cocer

Instrucciones

El día anterior por la noche se tienen que dejar las fabes en remojo con agua fría, o caldo de pescado frío si se quiere que cojan más sabor.

Se escurren bien y se cuecen durante 2 horas, con un poco de agua fría, 1 cebolla entera, 1 hoja de laurel, unas ramitas de perejil atadas (para poder retirarlas fácilmente) y 1 diente de ajo entero, sin sal, a fuego medio y sin dejar que hiervan. Hay que mover de vez en cuando la cazuela, pero no remover, para que las fabes no se rompan. Terminada la cocción, retirar la cebolla, el laurel y el perejil y reservar las fabes.

A la hora y media de cocción, se prepara en una cazuela grande un sofrito con el aceite, una cebolla picada, un diente de ajo y laurel. Se salpimenta y cuando esté pochado, se agrega unas hebras de azafrán y la harina. Rehogarlo todo y añadir el vino.

Cuando hierva, añadir las almejas y un poco de perejil picado. Tapar y dejar cocer hasta que las almejas se abran. Añadir las fabes reservadas y mover un poco la cazuela para que se mezcle todo bien. Cocer 5' más a fuego lento y ya está listo para servir.

Ingredientes

- 400 gr. de fabes
- 400 gr. de almejas
- 1 l. caldo de pescado
- 2 dientes de ajo
- 2 hoja de laurel
- 2 cebollas
- 1 dl. de vino blanco
- aceite de oliva virgen
- vinagre
- perejil fresco
- azafrán en rama
- sal

Mongetes amb Butifarra

Se podrían utilizar judías blancas secas y dejarlas en remojo desde la noche anterior, cocerlas durante un par de horas y finalmente saltearlas con ajo y perejil, pero francamente, no vale la pena. Lo que sí vale la pena es probar variedades de judías muy interesantes, como las *"del ganchet"*, las de *"riñón"*, los *"judiones de La Granja"*...

Instrucciones

En una sartén con un poco de aceite dorar las butifarras por todos lados, durante unos minutos. Cuando ya tienen color, salpimentar y agregar el vino, tapar y cocer a fuego lento durante 40'. A mitad de cocción dar la vuelta a las butifarras, para que se hagan bien por todos lados. Vigilar que en ningún momento se queden sin caldo, añadiendo más vino si es necesario.

Cuando falte un cuarto de hora para terminar la cocción, lavar bien y escurrir las judías, hacer una picada de ajo y perejil y saltear las judías en un poco de aceite, con el ajo y el perejil. Salpimentar y terminar de cocerlas unos minutos, a fuego lento, removiéndolas de vez en cuando para que no se peguen, pero con mucho cuidado para que no se rompan.

Servir cada butifarra con un puñado de "mongetes seques".

Ingredientes

- 4 butifarras crudas
- 400 gr. de judías blancas
- 2 dl. de vino blanco
  cocidas
  ajo, perejil, sal, pimienta
  aceite de oliva

Un plato rápido y fresco para el verano, época en la que
apetecen menos los guisos pesados.

Ensalada de Garbanzos

Instrucciones

Lavar y escurrir muy bien los garbanzos cocidos. Ponerlos en
una ensaladera.

Una ensalada básica sería añadir la cebolla pelada y cortada en
juliana, el tomate troceado, el atún y aliñar con sal, pimienta,
orégano y aceite de oliva. Pero se puede completar con multitud
de ingredientes: pimientos, aceitunas, maíz, pepinillos,
alcaparras, tacos de jamón, aguacate... y de especias frescas
(albahaca, menta...)

Ingredientes

400 gr. garbanzos cocidos
1 tomate de ensalada
1 cebolla
1 lata de atún
  sal, pimienta
  orégano
  aceite de oliva

Lentejas

La forma tradicional de preparar este plato es con lentejas "rubias", que son bastante grandes; sin embargo a mi me gusta más con las del tipo "pardinas", porque me parecen menos harinosas, porque no necesitan remojo y porque se cocinan en menos tiempo -que también tiene su importancia-. Todavía hay otros tipos más, como por ejemplo las denominadas "beluga" (aunque a mí no me gustan mucho), o las "verdinas", que son realmente muy pequeñas pero van bien para preparar ensaladas.

Se puede utilizar cualquier tipo de olla para cocinarlas. Sin embargo yo prefiero la cazuela de barro.

Ingredientes

400 gr. de lentejas
1/2 pimiento rojo
1/2 pimiento verde
  1 cebolla
  1 diente de ajo
  1 hoja de laurel
  1 chorizo
  1 morcilla
  1 trozo de bacon
100 gr. tacos de jamón
    serrano
    aceite de oliva
    pimentón de la Vera
    guindilla
    ramas de tomillo
    vinagre de Módena

Instrucciones

Picar fino la cebolla y el ajo. Sofreír junto con el laurel, una punta de guindilla y un par de ramitas de tomillo.

Cortar en trozos pequeños los pimientos y añadir a la cazuela cuando la cebolla esté medio hecha.

Cuando los pimientos estén tiernos, rehogar ligeramente los embutidos. Añadir una pizca de pimentón de la vera, los taquitos de jamón y saltearlo todo un par de minutos.

Lavar bien las lentejas, escurrirlas y añadirlas a la cazuela. Saltear un minuto y poner un poco de agua fría, sin llegar a cubrir las lentejas más que hasta la mitad. Salpimentar y aliñar con unas gotas de vinagre de Módena. Remover bien para mezclar todos los ingredientes.

Cocer 20 ' aproximadamente a fuego medio-alto, hasta que el caldo se reduzca casi completamente, cuidando de que no se sequen ni de que queme el fondo.

Este plato puede servirse sólo o con arroz blanco.

Ensalada de Lentejas

Los ingredientes indicados en este plato son simplemente una sugerencia. Como cualquier otra ensalada, se puede realizar con casi cualquier cosa. Es cuestión de abrir la nevera y la despensa y mirar...

Los tipos de lentejas que mejor van para elaborar este plato son las de tipo "pardina" o "verdina", ya que son pequeñas, no necesitan remojo y se compran ya cocidas.

Ingredientes

1 frasco de lentejas pardinas cocidas 400 gr.
50 gr. de ensalada variada
1 lata pequeña de maíz
50 gr. de taquitos pequeños de jamón serrano
1/2 pimiento rojo
1/2 pimiento amarillo
vinagre de Módena
sal, pimienta
aceite de oliva virgen

Instrucciones

Lavar bien las lentejas y el maíz. Escurrirlos y reservar.

Picar no muy fino la ensalada y los pimientos.

Mezclar todos los ingredientes en un bol y aliñar con aceite de oliva, sal, pimienta y unas gotas de aceite de Módena.

Escudella y Carn d'Olla

Instrucciones

En una olla lo bastante grande poner, en el fondo, la gallina y todos los huesos, previamente lavado todo. Encima colocar las verduras y hortalizas salvo las patatas y la col, previamente lavadas y peladas o cortadas si es preciso. Llenar de agua hasta que sobrepase al menos en 4 dedos el contenido y poner a fuego vivo.

Introducir los garbanzos en una malla para que no se mezclen con el resto y añadirlos a la olla. Cuando rompa a hervir, retirar con una espumadera la *espumita* oscura que se forma en la superficie, tapar y dejar cocer 2 horas a fuego lento.

Preparar la pelota (una grande o varias más pequeñas): mezclar la carne de cerdo y la de ternera, añadir el huevo batido, el pan rallado, la canela, un poco de harina, una picada de ajo y perejil y salpimentar. Formar la/s pelota/s y rebozarla en el resto de la harina.

Cuando el caldo lleva cociendo 2 horas, añadir la pelota, las butifarras, las patatas peladas y troceadas y la col. Pasados 45', retirar y colar el caldo necesario para preparar la sopa, poniéndolo en una cazuela aparte para cocer en ella los galets unos 15'.

Las carnes, las verduras y los garbanzos se sirven por separado.

Ingredientes

- 1/2 Kg. carne de ternera picada
- 250 gr. carne magra de cerdo picada
- 1/2 gallina
- 1 butifarra blanca
- 1 butifarra negra
- 1 hueso de caña
- 1 hueso de rodilla
- 1 hueso de jamón
- 400 gr. garbanzos remojados
- 1 nabo
- 1 chirivía
- 3 zanahorias
- 1 rama de apio
- 1 puerro
- 3 patatas
- 1/2 col
- 1 diente de ajo
- 1 huevo
- 2 cucharaditas pan rallado
- 1 cucharada de harina
- canela en polvo
- sal, pimienta
- 250 gr. de galets

Los garbanzos tienen que haberse dejado en remojo desde la noche anterior

Es una de las mejores formas de conseguir que coman
verdura los que no la comen nunca, porque no les gusta.
Suelen ser los mismos que enloquecen con los gratinados...

Coliflor Gratinada

Instrucciones

Lavar bien la coliflor, cortarla en "ramilletes", salpimentar y
cocer al vapor durante 20' (se colocan en la bandeja superior de
rejilla de una olla de vapor, con un dedo de agua en la pieza
inferior).

Mientras tanto preparar una salsa Bechamel (ver receta en
Salsas y Guarniciones).

Cuando la coliflor está cocida, se distribuyen los ramilletes, bien
extendidos, sobre una fuente para el horno. Se cubre con la
bechamel. Se espolvorea con queso rallado y se gratina en el
horno, hasta que adquiera un bonito color dorado.

Ingredientes

1   coliflor
1/2 l.. salsa bechamel
100 gr. queso rallado para
     gratinar
     sal y pimienta

Espinacas:
con Pasas y Piñones o A la Crema

Este es otro plato que, en cualquiera de estas dos alternativas, suele gustar a los que la verdura... ¡ni en pintura!. Aunque se cocinan con espinacas frescas normales, a mi me gustan más con espinacas baby, que son más tiernas y tienen un sabor más agradable

Instrucciones

Dejar las pasas en remojo con agua tibia para que se rehidraten y, mientras, cortar el tallo de las espinacas, lavarlas bien, trocearlas y saltearlas con un poquito de aceite, guindilla y el ajo picado hasta que estén hechas. Reservar.

Opción A: Con pasas y Piñones: En la misma sartén dorar a fuego lento los piñones y los tacos de jamón (sin aceite) y, cuando estén listos, añadir un poquitos de aceite y las pasas, escurridas. Rehogar todo junto. Añadir las espinacas, salpimentar y cocer 4 o 5' más.

Opción B: A la Crema: En vez del paso A, se prepara una salsa bechamel, con la que se cubren las espinacas colocadas en una fuente para horno. Se espolvorea queso rallado por encima y se gratinan.

Opción C: la A + la B

Ingredientes

800 gr. espinacas frescas
  2 dientes de ajo picados
    sal, pimienta
    guindilla
    aceite de oliva

Opción A:
 50 gr. jamón tacos de jamón
    serrano
 40 gr. piñones
 50 gr. pasas de corinto

Opción B:
    salsa bechamel (ver receta
    en Salsas y Guarniciones)
    queso rallado

Carne y Pescado

Muchas de las recetas de carne y pescado que vienen a continuación no son invento mío, sino mi propia adaptación, más o menos libre, a recetas tradicionales. Algunas proceden de mi madre (*el pollo en pepitoria*), de amigos (*bacalao al pil pil o el bacalao dorado*)... incluso hay una de mi tía (*pastel de carne*). Y por supuesto alguna hay de otros recetarios de gente que sabe más que yo. Pero las he incluido porque, con el tiempo, son platos que he ido adaptando en mayor o menor medida a nuestros gustos, a mi comodidad o a mi manera de hacer. Como harás tú.

En cualquier caso, todos ellos son un buen punto de partida.

Cordero Asado

El cordero asado es un plato muy fácil de hacer, pero hay que escoger muy bien la materia prima: para elaborarlo las mejores razas de cordero son la Churra y la Lacha; y en cuanto al tipo, ha de ser lechal -para 2 ó 3 comensales- o ternasco -para 4 a 6 comensales-. Lo lechales son corderos de menos de 1 mes que sólo han tomado leche materna y que pesan menos de 6 kg. Los ternascos tienen ya varios meses, han comido leche y pasto y pesan menos de 15 Kg.. Los corderos más grandes no son lo bastante tiernos y el resto de razas no tienen tan buen sabor.

La preparación es fácil. Tan sólo hay que tener en cuenta que es mejor hornearlo más tiempo a menos temperatura, que un calor demasiado intenso por acabar antes: el resultado es un desastre: duro, quemado y reseco, en vez de tierno y jugoso.

Ingredientes

1 pierna o paletilla de
    cordero
    manteca de cerdo
10 patatas
1 copa de brandy
    sal, pimienta,
    tomillo, romero
    aceite de oliva virgen

Instrucciones

Hay que precalentar el horno a 200°, mientras se prepara la pieza.

Una vez lavada y bien seca, se salpimenta y se espolvorea abundantemente con tomillo y romero por todos lados. A continuación se unta toda la pierna con manteca de cerdo y se unta asimismo generosamente la bandeja de hornear que se vaya a utilizar.

Se coloca en ella la pierna, se rocía con un chorro de brandy o coñac y se le añaden unos dientes de ajo enteros y unas ramitas de tomillo y de romero fresco. Se puede rociar también con un poquito de aceite de oliva, aunque no es necesario. Se asa durante hora y media, dándole la vuelta a mitad de cocción y rociando de vez en cuando la pieza con el jugo que se va generando.

Se cortan y trocean las patatas, se salpimentan y se añaden al cordero cuando falte 1 hora para terminar la cocción. Pueden ser patatas a trozos, a rodajas, incluso enteras con piel.

Un vez hecho, se colocan el cordero y las patatas en una fuente de servir y el jugo del asado que quede en la bandeja del horno se cuela, se cuece en un cazo durante 4 o 5' con un chorrito de brandy y una pizca de sal y pimienta y se sirve aparte como salsa. Si se desea, se puede espesar un poco con una cucharadita de maizena.

Solomillo Wellington

Ingredientes

    1 solomillo de ternera
  300 gr. champiñones
    1 chalota grande (o
       escalonia). En su defecto,
       cebolla de Figueras
  100 gr. de foie micuit
  1,5 dl. brandy (o vino tinto)
  1,5 dl. nata líquida
    1 lámina de hojaldre
  6/8 lonchas de jamón ibérico
    1 huevo batido
       mostaza suave
       aceite de oliva
       sal y pimienta

Este es uno de esos platos que se consideran *"de lujo"* por su delicada y hermosa presentación, pero también por el precio de sus ingredientes. Es un plato muy efectista, pero laborioso. Por eso suele relegarse a fiestas importantes o a compromisos de esos en los que realmente es necesario quedar muy bien.

Normalmente se elabora con una pieza entera de solomillo de ternera, al que previamente se le han "limpiado" todas las fibras blancas de nervaduras o de grasa y se le han eliminado las partes que lo puedan afear, de manera que quede una pieza de forma y color perfectos.

Sin embargo se puede emplear también solomillo de cerdo. El resultado es estupendo y el precio bastante menor. Pero hay que tener en cuenta que el de cerdo da para 4 comensales como máximo, mientras que con el de ternera pueden comer fácilmente 8 personas. Por lo demás, la forma de elaboración y los tiempos de cocción son los mismos.

Otro asunto a tener en cuenta es que el resultado final será tanto mejor cuanto mayor sea la calidad de los ingredientes: un jamón serrano normal o un foigras sencillo no dan el mismo sabor que un jamón ibérico y un foie de pato micuit. Lo mismo sucede con el vino, el brandy o el coñac que empleemos. La ocasión, el nivel de compromiso y el bolsillo determinarán las decisiones a tomar.

Instrucciones

Limpiar bien el solomillo y dorarlo en un sartén con aceite. Salpimentar y dejar reposar.

Picar muy fino la chalota y pocharla en el aceite sobrante de marcar la carne (añadir más si es necesario). Picar muy finos los champiñones y añadirlos también.

Cuando estén casi hechos, añadir el brandy y la nata. Rehogar a fuego suave 5' y a continuación triturarlo todo hasta dejar una pasta suave y fina.

Extender sobre papel film las lonchas de jamón muy juntas (ligeramente montadas unas sobre otras) y extender sobre ellas un poco de mostaza suave, bien estirada. Sobre la mostaza, extender bien la pasta de chalotas y champiñones.

Untar todo el solomillo con el foie y colocarlo encima del jamón cubierto con la mostaza y la pasta. Con la ayuda del propio papel film, enrollar bien apretado el solomillo dentro del jamón con la pasta. Cerrarlo a lo largo y por los lados, como un caramelo, y dejarlo reposar en la nevera al menos 1 hora.

Durante esa hora se puede aprovechar para preparar la salsa que lo acompañará o el resto de guarniciones que se hayan previsto.

Precalentar el horno a 200º con calor inferior y superior. Sacar el solomillo de la nevera y retirarle el plástico con cuidado, para que no se rompa ni se deforme la capa de jamón.

Extender la lámina de hojaldre (sobre su papel de horno) y colocar encima el solomillo (sin el plástico), en la posición adecuada para que, aún dejando un margen de 5 cm. en un extremo del hojaldre, pueda quedar bien enrollado dentro de él. Del extremo opuesto cortar y separar una tira de unos 8/10 cm. de ancho, dejando hojaldre suficiente como para envolver perfectamente todo el solomillo.

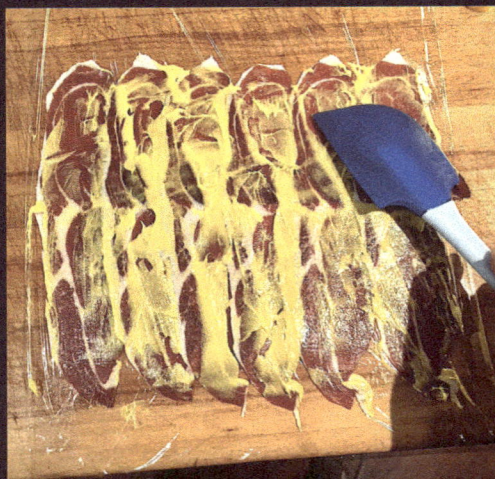

Pintar con huevo batido la lámina de hojaldre y envolver el solomillo de forma que quede bien cerrado. Doblar los extremos para cerrarlos también. Volver a pintar todo el hojaldre, esta vez por fuera, tanto por encima como por los lados. Y colocarlo en una fuente de hornear sobre papel vegetal, intentando que la cara sobre la que se cierra el envoltorio de hojaldre quede hacia abajo, para que no se abra y se rompa durante la cocción.

Con un rodillo especial cortar la lámina de hojaldre que hemos separado, dándole forma de celosía o de entramado. Se abre con cuidado para no romperla y se coloca, extendida, sobre todo el solomillo (lados incluidos), de forma que lo cubra bien. Se corta lo que sobre y se pinta también con huevo batido. Si no se dispone de rodillo especial, se corta el hojaldre reservado en tiras largas y finas de 1 cm. y se colocan sobre el solomillo formando un entramado de rombos.

Se pincha el hojaldre en varios puntos para que no se rompa durante la cocción. Si el horno ya está a la temperatura necesaria (200º), se hornea durante 30'. Si el hojaldre se tuesta demasiado, se puede proteger con papel de plata los últimos minutos de cocción.

Emplatar en una fuente alargada lo bastante grande como para que quepa la pieza entera en la base, bien apoyada. De lo contrario se partirá el hojaldre, con lo que el efecto estético del plato se perderá irremediablemente.

Se puede servir con un puré de manzana (receta en "Salsas y Guarniciones").

Pollo Relleno de Espinacas y Ricotta

Un plato muy sencillo de preparar y perfecto para tiempos de *dieta*, ya que apenas tiene calorías, es nutritivo y está bueno.

Ingredientes

4   pechugas de pollo
200 gr. de espinacas baby
100 gr. queso Ricotta
     queso rallado
     pimentón dulce
     sal, pimienta
     aceite de oliva

Instrucciones

Picar bien las espinacas, salpimentarlas y, con la ayuda de un tenedor, mezclarlas en un bol previamente *"manchado"* con unas gotitas de aceite. Añadir el queso Ricotta y batir hasta que quede una pasta.

Hacer en cada pechuga varios cortes transversales, profundos pero sin llegar a cortar del todo la carne, regulares y separados 1 cm. más o menos. Sapimentarlas y rellenar cada uno de los cortes con la pasta, introduciéndola hasta el fondo con la ayuda del tenedor. Hay que procurar que la superficie de la pechuga quede lo más limpia posible, para que el plato tenga buen aspecto.

Se cubre cada una de ellas con queso rallado y se espolvorea pimentón encima del queso. Se colocan en una fuente para horno y se hornean 35' a 190º. Si son pechugas muy grandes, hornear 40' a 190º.

Carpaccio de Ternera

El único secreto de este plato es la calidad de los
ingredientes. Tanto mejor será su sabor cuanto mejor sea
la carne, el parmesano y, sobretodo, el aceite.
Si en alguna ocasión se le quiere añadir un punto de
sofisticación porque hay invitados, se pueda rallar por
encima un poco de foie micuit y unos piñones tostados
junto con el parmesano

Ingredientes

80 gr. de carne de ternera
cortada muy fina
orégano
lascas de queso
parmesano
1 limón
sal Maldon
pimienta recién molida
un buen aceite de oliva

Instrucciones

Extender las lonchas de carne sobre el plato, de forma que no
queden amontonadas. Salpimentar.

Espolvorear por encima piel ralla del limón. Espolvorear por
encima orégano. Aliñar con un buen aceite de oliva virgen
extra. Distribuir por encima las lascas de parmesano.

Pollo en Pepitoria

Esta es una receta tradicional que aprendí de mi madre, aunque la he cocinado muy poco en los últimos años. A pesar de ello es evidente que lo bueno nunca muere.

Ingredientes

1 pollo cortado en octavos
6 patatas medianas
   piñones y almendras
   harina
   ajo y perejil
   nuez moscada
   sal y pimienta

Instrucciones

Lavar, secar y salpimentar los trozos de pollo, con su piel. Enharinar y freír. Reservar el pollo en una cazuela y reservar el aceite sobrante.

Machacar en el mortero los piñones, las almendras, 3 dientes de ajo, la nuez moscada, el perejil, sal y pimienta. Verter la picada sobre la cazuela en la que se ha reservado el pollo, añadir 1/4 litro de agua y el aceite reservado. Cocer todo junto durante 15', hasta que se forme la salsa.

Pelar, cortar en trozos irregulares las patatas y freírlas en una sartén. Servir como guarnición del pollo.

Sin alguna vez tienes que cocinar para más de 15 personas, éste es sin duda uno de los platos más adecuados: fácil de preparar, suficiente (una pierna da para 15 ó 20 comensales), de excelente sabor y razonablemente barato. Además puede servirse al día siguiente, algo a tener en cuenta cuando no se va a tener tiempo para cocinar

Pierna de cerdo asada

Instrucciones

Precalentar el horno a 180º. Untar toda la pierna con mostaza de Dijon y colocar encima varios dados de mantequilla. Rociar toda la pierna con un buen chorro de coñac e introducir en el horno.

A las 2 horas sacar la pierna de horno, darle la vuelta y volver a untarla de mostaza, mantequilla y coñac. Introducir de nuevo en el horno y seguir con la cocción otras 2 horas más o menos, hasta que al pincharla salga líquido blanco y no rojo. Ir rociando la pierna con su propio jugo de vez en cuando. Si se tuesta demasiado, se puede tapar con papel de plata.

Mientras, preparar un almíbar calentando medio litro de agua en un cazo, que no sea de aluminio. Cuando ya está caliente (hay que vigilar que no hierva) añadir el azúcar moreno y el azúcar blanco, con fuego fuerte y removiendo, hasta que el azúcar se disuelva. Dejar hervir 5' y añadir los dátiles, ya troceados. Bajar el fuego y cocer 10' a fuego lento. Retirar y dejar enfriar. Antes de servir la pierna, rociarla con el almíbar y dejar que se enfríe un poco.

Ingredientes

1   pierna de cerdo
1   tarro Mostaza de Dijon
    mantequilla
2   dl. de coñac
210   gr. de azúcar moreno
250   gr. de azúcar blanco
300   gr. dátiles troceados

20

4 h.

Fricandó

Instrucciones

Hacer un sofrito con la cebolla, el romero, 2 dientes de ajo picados y la pulpa de la ñora y de los tomates secos, previamente re-hidratados. Flambear con un poco de coñac cuando esté hecho y cuando el coñac haya reducido escurrir y reservar.

El flambeado no es imprescindible y si peligroso por riesgo de incendio. Pero si decides hacerlo, ten siempre a mano una tapa lo bastante grande para tapar la cazuela del todo y apagar así el fuego, JAMÁS CON AGUA.

Poner a calentar el caldo y mientras tanto enharinar la carne y freírla en el aceite sobrante del sofrito: los trozos se han de colocar planos sobre el fondo, nunca amontonados. Retirar y reservar. En ese mismo aceite sofreír las zanahorias (troceadas) y las setas, junto con el sofrito reservado. Salpimentar.

Preparar en el mortero una picada, con los piñones, las almendras, 1 diente de ajo picado fino, el perejil y los dados de pan tostado. Majarlo todo muy bien.

Añadir a la cazuela otro chorrito de coñac y cuando éste haya reducido, añadir los trozos de carne reservados y rehogar. Añadir la picada, rehogar, añadir el caldo y dejar cocer a fuego muy lento unos 15 o 20' con la cazuela tapada.

Ingredientes

3 ó 4 trozos de carne / persona
1 cebolla
3 dientes de ajo
2 zanahorias peladas y troceadas
setas y rovellons
1 ñora y
2 o 3 tomates secos previamente ablandados en agua
piñones y almendras sin tostar
dados de pan tostado
1 l. caldo de carne
1 dl. de coñac o brandy
harina
sal, pimienta
romero
aceite de oliva

Hojaldre de carne

Es un plato bastante sencillo de hacer, pero si se invierte un poco de imaginación en la decoración, puede ser muy resultón para una cena informal con amigos. Es cuestión de darle formas interesantes al hojaldre...

Ingredientes

1/2 Kg.. de ternera picada
1 cebolla
1 diente de ajo
1 hoja de hojaldre
1 huevo
150 ml. de tomate frito
1 dl. de coñac
queso parmesano
romero, tomillo,
cúrcuma, guindilla
sal y pimienta

Instrucciones

Hacer un sofrito con la cebolla, el ajo y un poco de guindilla. Cuando la cebolla está dorada, añadir el tomate y reducir. Añadir el coñac y volver a reducir.

Mientras tanto mezclar bien la carne con las especias y salpimentar. Añadirla al sofrito cuando haya reducido y mezclar bien . Cocer durante unos minutos, hasta que la carne no esté cruda.

Extender la hoja de hojaldre sobre el papel vegetal. Sobre otra hoja de papel vegetal verter la carne y, con cuidado, formar una masa cilíndrica bien prieta. Con la ayuda del papel traspasarla al hojaldre y envolverla con él, apretándola lo que se pueda pero con mucho cuidado de no romper el hojaldre. Cerrar por lo lados y pintar de huevo batido.

Hornear (sin ventilación, sólo calor inferior y superior) durante 25', a 200º

Un poco de cocina internacional no está de más. Mi adaptación de un plato hindú, para los amantes de la comida con intenso sabor.

Pollo Tandoori

Instrucciones

Mezclar todas las especias añadiendo un poquito de agua. Pasar por la sartén, a fuego lento.

En un bol grande mezclar los yogures con el aceite y la sal y, a continuación, añadir y mezclar las especias de la sartén.

Untar los trozos de pollo con esta mezcla y dejar macerar en la nevera durante 1 hora.

Precalentar el horno a 220º y cocinar el pollo durante 30'.

Mientras tanto, pochar unas cebollitas en una sartén y, al final, añadir menta seca u orégano y el zumo de la lima. Preparar arroz blanco, como guarnición.

Servir el pollo sobre una cama de arroz blanco, cubierto con la salsa de cebolla y menta.

Ingredientes

1 pollo troceado
2 yogures naturales
2 cucharadas de pimentón
1 cucharadita de pimentón de la vera
1 cucharadita de ajo en polvo
1 cucharada de cúrcuma
1 cucharadita de comino
1 cucharada de sésamo
5 granos de cardamomo
1 cucharadita de pimienta negra
1/2 cucharadita de café de pimienta de cayena molida
1 cucharada de jengibre en polvo
1 cucharada de aceite de oliva
sal, pimienta
zumo de 1 lima
3 cebollas pequeñas
menta y orégano
200 gr. de arroz

Roast Beef

Ingredientes

1 pieza de lomo o de entrecôte de ternera o buey de 2,5 Kg.. como mínimo.
Manteca de cerdo
Caldo de carne
Coñac, brandy u Oporto
pimienta y especias (tomillo, romero...)
Sal gorda o sal Maldon

Instrucciones

Precalentar el horno a 230º y pesar la carne, porque es muy importante conocer su peso exacto.

Cortar la capa gruesa de grasa pero envuelve la carne, pero sin separarla del todo, para que se pueda girar y enrollar del revés y quede como una "tapa" de la pieza de carne. Una vez hecho eso, atar toda la pieza con cordel de cocina, bien apretada. Aliñar con pimienta, romero y tomillo. Untar por todos lados con manteca de cerdo y un poco de aceite.

Poner la carne en la rejilla del horno y justo debajo colocar la bandeja, con un vaso de caldo de carne, para que recoja la grasa que irá soltando. Calcular el tiempo exacto que deberá hornearse, siendo la proporción adecuada 30' de cocción por cada kilo de carne. Es importante ser preciso en el cálculo, para que quede en su punto justo de cocción.

Al sacar el asado colocarlo sobre una rejilla y poner un recipiente bajo ésta, que recogerá los jugos que suelte. Enseguida rociarlo con sal gorda o mejor sal Maldon. Pasados 10 o 15' se desata y se deja reposar, soltando todos los jugos.

Antes de servir, hacer una salsa con los jugos que haya soltado, la salsa que se haya formado en el horno, el brandy (o coñac), sal, pimienta y otras especias, calentándola en un cazo y colándola. Servir con la salsa y un puré de manzana o patata.

Aunque no he preparado esta receta en años, es realmente deliciosa y procede de mi tía Filo. Hay que recuperarla

Redondo de Carne Filo

Instrucciones

Pelar y trocear las cebollas y las zanahorias y freírlas en abundante aceite, a fuego medio para que no se quemen. Reservar en una cazuela y reservar el aceite.

Hacer una masa mezclando las dos carnes, la picada de ajo y perejil, el foigras, 2 cucharadas rasas de harina, el pan rallado, la sal, la pimienta y los huevos. Con las manos darle forma de pastel rectangular (pero que quepa entero en una sartén). Rebozarlo en harina y freírlo en el mismo aceite de las cebollas y zanahorias. Cuando esté dorado, pasarlo a la misma cazuela que las zanahorias y la cebolla reservadas.

Poner esa cazuela al fuego, añadiendo el vino, el aceite sobrante de la sartén y caldo de carne, de forma que cubra por lo menos hasta la mitad de la carne. Cocer a fuego lento 60', dándole la vuelta a mitad de cocción, pero con mucho cuidado para que no se rompa, lo cual no es difícil.

Colocarla en una fuente de servir. Pasar por la batidora todo lo que queda en la cazuela (cebollas y zanahorias), haciendo con ello una salsa con la que se cubrirá el redondo.

Ingredientes

500 gr. carne picada ternera
250 gr. carne picada de cerdo
150 gr. foigras
500 gr. cebollas
500 gr. zanahorias
  2 huevos
  1 vaso de vino blanco
    harina
  2 cucharadas pan rallado
    sal y pimienta
    caldo de carne
    picada de ajo y perejil
    aceite de oliva

1h.30'

Estofado de Carne

Se parece al Fricandó, pero no es lo mismo. Se prepara con trozos de carne, no filetes finos, y más verduras. Y como el Fricandó, requiere de una larga cocción a fuego lento, para que la carne quede realmente tierna

Instrucciones

Cortar y reservar de forma separada las zanahorias (a rodajas), las patatas (a trozos) y los champiñones (enteros o por mitad).

En una cazuela grande hacer un sofrito con la cebolla y el ajo. Añadir los trozos de carne y rehogarlos bien. Añadir las zanahorias, salpimentar y rehogar bien. Añadir la harina, remover, y a continuación verter el caldo caliente.

A la media hora de cocción, añadir el resto de los ingredientes: patatas, champiñones, guisantes, judías, romero, tomillo y las hierbas provenzales.

Majar en un mortero la picada catalana* e incorporarla al guiso.

Dejar cocer 1 hora más a fuego suave.

Ingredientes

800	gr. carne para estofado
4	zanahorias
8	patatas
200	gr. champiñones
100	gr. guisantes sin vaina
100	gr. judías verdes
2	cebollas
2	dientes de ajo
1	cucharadas de harina
1	l. caldo de carne
	picada catalana*
	sal y pimienta
	tomillo y romero
	hierbas provenzales
	aceite de oliva

Como alternativa, los ingredientes que haya a mano entre frutos secos y pan tostado: piñones, almendras, avellanas, ajo, perejil, dados de pan tostado (o colines, o pan seco, pan rallado...)

Berenjenas rellenas

Tradicionalmente este plato se elabora con bechamel. Mi receta no. Es mucho más ligera y posiblemente más sabrosa.

Para elaborarla es importante comprar berenjenas de tamaño y forma similar, pero sobretodo que sean rectas. Pueden ser moradas o bicolores

Instrucciones

Lavar los pimientos, quitarles el centro y las semillas y trocearlos. Pelar una cebolla y trocearla. Triturar cebolla, 1 ajo y pimientos en trocitos pequeños y saltearlo todo con un poco de aceite y el laurel.

Lavar las berenjenas y cortarlas por la mitad longitudinalmente para que queden 4 "barcas". Rociar con limón la superficie para que no se ennegrezca, vaciarlas con cuidado y triturar en trocitos pequeños. Añadir al salteado. Salpimentar, aliñar con una cucharadita de curry y cocer unos minutos, hasta que la berenjena esté hecha.

Pochar la otra cebolla y el otro diente de ajo, bien picados, en una sartén grande. Cuando esté transparente, añadir una pizca de pimentón de la vera y la carne picada. Salpimentar y cocinar hasta que la carne esté hecha, removiendo frecuentemente. Añadir el sofrito de verduras y mezclar bien durante 5'.

"Afeitar" ligeramente la base de las barquitas de berenjena para que sean más estables y no se vuelquen. Rellenarlas con la mezcla de carne y verduras. Cubrir con queso rallado y gratinar

Ingredientes

400	gr. carne picada
2	berenjenas similares
2	cebollas
1	pimiento rojo
1	pimiento verde
1	hoja de laurel
2	dientes de ajo
1	limón
	queso rallado de gratinar
	sal, pimienta
	curry
	pimentón de la vera
	aceite de oliva

Para el asado de Navidad utilizamos pulardas, capones o pavos en función del número de comensales: las pulardas son para 5/6 personas, los capones para 8/10 y los pavos para 10/12. Pero la elaboración puede ser básicamente la misma. Tan sólo tener en cuenta que el capón y el pavo necesitarán 3 horas de cocción a 160° sin tapar. Y que, al ser más grandes, hay que incrementar en proporción los ingredientes para el relleno. Una alternativa a los piñones, pasas y orejones son trufas y foie.

Pularda de Navidad

Instrucciones

Se dejan en remojo pasas y orejones para rehidratarlos. Mientras, se mezclan las carnes con el pan mojado en leche y se saltean con aceite y laurel.

Cuando la carne está hecha se le añaden los piñones, orejones (fileteados) y pasas, la mantequilla, el vino y el coñac. Se deja reducir todo, se retira del fuego y se deja reposar hasta que se enfríe, tapado. Se le añaden 2 huevos, canela, nuez moscada y se amasa todo bien. Cuando esté listo, se rellena el ave por el buche con esta mezcla y se cose para que el relleno no se salga.

En el fondo de una cocotera* se pone un lecho de cebolla, otro de zanahorias en rodajas, las hierbas y especias y se coloca encima el ave ya rellenada. Se salpimenta, se rocía con mantequilla derretida y se asa en el horno a 200°, tapada, durante 1 hora.

Se pasa el ave a una fuente de servir y se agrega a la cocotera el vino blanco, el coñac y el caldo y se cuece fuera del horno hasta que reduzca un poco. Se cuela y se sigue cociendo en un cazo con la Maizena desleída en el jerez. Cuando rompe a hervir, añadir un poquito de mantequilla y sal, triturar y pasar a la salsera.

*Cocotera: cazuela honda con tapa apta para el horno

Ingredientes

Para el relleno:

200 gr. carne picada de cerdo
200 gr. butifarra cruda
200 gr. pan mojado en leche
     piñones, orejones y
     pasas (o 6 trufas y
     100 gr. de foie)
  50 gr. de mantequilla
   1 dl. de vino blanco
   1 dl. de coñac o brandy
   2 huevos
     laurel
     canela, nuez moscada

Para el asado y la salsa:

   1 Pularda, capón o pavo
   3 cebollas grandes
   4 zanahorias grandes
  50 gr. mantequilla
     sal, pimienta
     tomillo, romero, orégano
   1 dl. vino blanco
   1 dl. coñac o brandy
   1 cucharadita de Maizena
0,5 dl. de jerez

Este plato me lo enseñó una amiga sevillana.

Bacalao Dorado

Ingredientes

400	gr. bacalao desalado
1/2	cebolla
2	dientes de ajo
6	huevos
1	bolsa patatas paja
	sal y aceite

Es importante que el bacalao
sea de buena calidad.
El semicongelado tiene menos
espinas

Instrucciones

Trocear el bacalao en tiras de 1 cm. y picar
bien la cebolla y los ajos.

Sofreír la cebolla y el ajo y cuando están
pochados, añadir el bacalao.

Cuando esté casi dorado, añadir las patatas
paja y salpimentar.

Cuando las patatas estén blandas, añadir
los huevos, no batidos pero sí con la yema
rota. Remover un poco hasta que el plato
tenga la textura deseada, con el huevo más
o menos cuajado.

A la hora de emplatar puede utilizarse un
molde redondo o cuadrado, para darle una
presentación más interesante.

Sepia con Patatas

Es el plato de cuchara ideal para alguien como tú, a quien
no le gusta el pescado.

Ingredientes

2   sepias grandes
4   cebollas
2   dientes de ajo
6   patatas
1   latita de pimiento morrón
2   dl. vino blanco
1   l. caldo de pescado
    pimentón de la vera
    cayena molida
    sal y pimienta

Instrucciones

Limpiar y trocear la sepia. Saltearla en aceite y retirarla.

En el mismo aceite pochar la cebolla, cortada en juliana fina, y
los 2 dientes de ajo, enteros, durante 20', a fuego lento.

Mientras, pelar y "romper" las patatas en vez de cortarlas en
pedazos, para que así el almidón que desprendan pueda "ligar"
la salsa. Añadirlas al sofrito cuando la cebolla esté
caramelizada y añadir también la sepia reservada y el pimiento
morrón troceado.

Aliñar con un poco de pimentón y de cayena. Añadir el vino
blanco, rehogar y cubrir justito con caldo de pescado. Dejar
cocer, tapado, hasta que las patatas estén bien hechas: unos 35
o 40' aproximadamente.

Calamares rellenos

Ingredientes

2 calamares medianos por
    persona
1 huevo duro por persona
2 gambas o langostinos
    grandes por persona
1 l. caldo de pescado
1 vaso de vino blanco
    ajo, perejil, cebolla
    guindilla
    pimentón de la vera
    harina
    sal y pimienta

Instrucciones

Limpiar bien los calamares, por dentro y por fuera, dejándolos enteros pero sin patas ni aletas, que se deben picar muy finas y reservar.

Picar muy finas también las colas de las gambas (peladas) y los huevos duros, hacer una picada de ajo y perejil y mezclar todos estos ingredientes con los trocitos de calamar.

Hacer un sofrito de cebolla y un poco de guindilla y, cuando esté casi listo, añadir un chorrito de vino. Cuando éste se evapore, añadir una pizca de pimentón de la vera, rehogar e inmediatamente añadir el picadillo de calamares, gambas y huevo. Saltear unos minutos hasta que esté todo bien ligado. Añadir otro chorrito vino, cocer un poco más y reservar.

Con la pasta resultante rellenar 2/3 de cada calamar, dejando 1/3 libre para poder cerrarlos atravesando un palillo. Enharinarlos y freírlos en una cazuela con aceite. Reservar.

Con el aceite sobrante hacer un nuevo sofrito de cebolla en una cazuela. Añadir los calamares, el resto del vino, el caldo de pescado y cocer a fuego lento 20', hasta que la salsa espese.

Servir acompañado de arroz blanco.

Pescado al horno

El besugo, la lubina, la corvina, la dorada... son la clase de pescado blanco que cocinado de esta manera queda más sabroso.

Al comprar el pescado hay que especificar que será para el horno, para que le quiten las escamas y le practiquen dos o tres cortes transversales, según el tamaño, que son los que marcarán las raciones de cada comensal

Instrucciones

Mientras el horno se calienta, hacer un sofrito con la cebolla cortada en juliana, 1 diente de ajo, una punta de guindilla y 1 hoja de laurel. Cuando la cebolla esté hecha, añadir el tomate rallado, sin piel ni pepitas, salpimentar y cocinar hasta que reduzca.

Pelar las patatas y cortarlas a rodajas de medio cm. de grosor, más o menos. Lavarlas y secarlas bien, salpimentarlas y añadirlas al sofrito. Cocer unos pocos minutos, pero sin que lleguen a hacerse. Extenderlo todo sobre la bandeja del horno.

Limpiar el pescado, salpimentarlo y colocarlo sobre la cama de patatas. Introducir en su interior un poco de mantequilla. Rociarlo con el vino y con aceite de oliva. Espolvorear un poco de pan rallado y una picada de ajo y perejil sobre el pescado y sobre las patatas. Introducir media rodaja de limón en cada corte transversal, más otro dentro de la cabeza.

Cocer unos 30' a 200º, o hasta que las patatas estén hechas.

Ingredientes

1 pescado de 1,5 Kg. o más
4 patatas grande
1 cebolla grande
2 limones
2 tomates maduros
3 dientes de ajo
1 vaso de vino blanco
perejil
laurel
mantequilla
sal y pimienta
pan rallado
aceite de oliva
guindilla

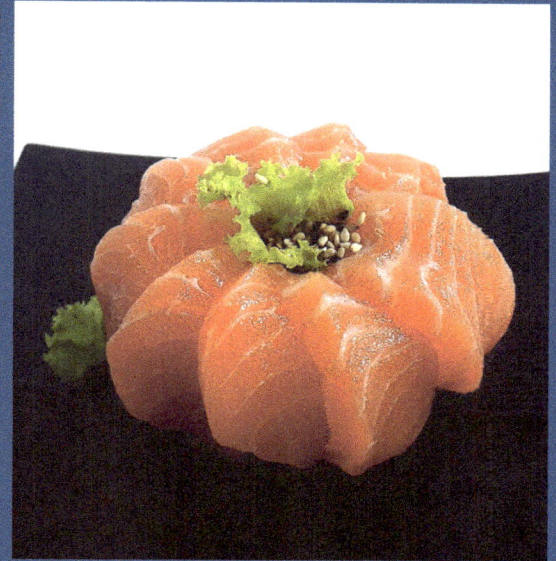

Sashimi de Salmón

Este plato, inspirado en la cocina japonesa, no tiene otro secreto que
la calidad de sus ingredientes y el corte del propio salmón: cuanto
más finas sean las lonchas, más delicado será el sabor final. Dado que
no se debe comer pescado crudo que no haya sido previamente
congelado (para evitar enfermedades), mi consejo es filetear cuando el
salmón aún no se ha terminado de descongelar y está lo basta blando
como para poder cortar, pero lo suficientemente duro como para
conseguir lonchas tipo carpaccio. Como alternativa al salmón se
pueden emplear gambas, bacalao, atún...

Instrucciones

Filetear el salmón lo más fino posible y distribuirlo de forma
bonita, sin amontonar, en cada plato. Espolvorear la piel
rallada de la lima y unas hojitas de menta finamente picadas.

En el momento de servir, calentar en una sartén -que no cocer
ni hervir- el aceite, la soja y el zumo de la lima, con una pizca de
pimienta. Remover bien para que ligue pero no dejar que
hierva. En cuanto se ha calentado, aliñar el salmón de cada
plato con la salsa y a disfrutar.

Ingredientes

200 gr. lomo de salmón fresco
6 cucharadas soperas de
aceite de oliva virgen
extra
4 cucharadas soperas de
soja
1 lima (o limón)
menta fresca

93

Albóndigas con sepia

Como resulta un tanto laborioso de preparar, no es mala idea cocinar una cantidad importante y luego, cuando está frío, congelar raciones.

Instrucciones

Limpiar la sepia, trocearla y hervirla durante 15'. Reservar, conservando el agua de hervir.

Impregnar en leche las rebanadas de pan y mezclarlas con el resto de los ingredientes: carne, huevo, ajo y perejil picados y una cucharadita de café de canela. Si la mezcla no queda lo bastante seca, se puede añadir un poco de pan rallado. Mojarse las manos y preparar las albóndigas con esta mezcla. Enharinarlas, sacudir bien la harina sobrante y freírlas en abundante aceite caliente. Reservar.

En el aceite sobrante, hacer un sofrito con la cebolla. Cuando esté blanda añadir los tomates rallados. Salpimentar. Cocer 10', añadir el vino y dejar que reduzca bastante. Añadir 3 cazos del agua de hervir la sepia y mezclar bien.

Añadir la sepia, las albóndigas y cocer a fuego lento 20'. Añadir los guisantes y cocer 5'. Añadir perejil picado, mezclar bien y retirar del fuego. Se puede acompañar con patatas fritas, arroz..

Ingredientes

400 gr. carne picada
 3 sepias
 3 rebanadas de pan
250 ml. de leche
 1 cebolla
 1 vaso de vino blanco
 1 latita de guisantes
 3 tomates maduros
 1 huevo batido
   harina y pan rallado
   sal y pimienta
   ajo y perejil picados
   canela en polvo
   aceite de oliva

Huevas

Era la comida preferido de papá cuando hizo la mili en Cádiz, así que este plato es sobretodo un homenaje a él, aunque yo no sé darle el toque especial que le dan los gaditanos. Pero es un interesante plato de pescado, fácil y rápido, que además puede servir de aperitivo.

Se elabora con las huevas de pescados blancos como la merluza o la lubina, y es mejor que no sean pequeñas.

Instrucciones

Separar las dos mitades de las huevas con cuidado para que no se rompan. Lavarlas. Envolver cada mitad en papel film, bien apretadas, cerrando por los lados como si fuera un caramelo. Cocer en agua hirviendo con sal y vinagre durante 15' (20 ó 25' si son huevas muy grandes).

Mientras, trocear los pimientos y la cebolla, aliñar con sal, pimienta y aceite de oliva. Reservar.

Escurrir las huevas, esperar a que se enfríen, desenvolverlas y cortar en rodajas con cuidado para que no se rompan. Distribuirlas en una fuente y cubrir con el aliño de pimiento y cebolla. Dejar reposar en la nevera 1 o 2 horas antes de servir.

Ingredientes

2 huevas de merluza grandes
1 chalota (o cebolla)
1 trozo de pimiento rojo
1 trozo de pimiento verde
   sal, pimienta
   aceite de oliva virgen extra

Pulpo a la Gallega

Instrucciones

Lavar bien el pulpo y retirarle los ojos, el estómago y el resto de partes no comestibles. Después, cocerlo en una olla grande con abundante agua hirviendo, sal y laurel. Pero no hay que introducirlo directamente, sino que primero hay que escaldarlo 3 veces: con la ayuda de unas pinzas o un tenedor, sujetarlo por la cabeza, introducirlo y sacarlo 3 veces seguidas en el agua hirviendo, espaciadas 3 segundos. Dejarlo ya dentro del agua a la cuarta vez que se sumerge. A partir de ese momento deberá cocer 30' a fuego medio- alto. (40' si es muy grande). Una vez acabada la cocción, hay que dejarlo reposar y entibiarse dentro de la propia olla otros 15', sin sacarlo del agua. Pasado ese tiempo se saca para escurrirlo pero sin tirar el agua, que se volverá a llevar a ebullición, para cocer en ella las patatas durante 40'.

Una vez cocidas éstas, se escurren y se dejan enfriar. Se pelan, se cortan a rodajas que se distribuyen sobre una bandeja y se aliñan con sal, pimienta, pimentón dulce y aceite de oliva. Se trocea el pulpo cortando a rodajas las patas y la cabeza, que se colocan sobre las patatas. Se aliña con pimienta negra y pimentón dulce y se rocía generosamente con aceite de oliva virgen.

Ingredientes

1 pulpo de 800 gr. +/-
4 patatas grandes
   laurel
   pimentón dulce
   sal y pimienta
   aceite de oliva virgen

Para que el pulpo quede tierno, es preciso congelarlo antes de cocinarlo, para que se rompan las fibras y no sea necesario cocerlo varias horas. De no hacerlo así, quedará muy duro. A tener en cuenta: tarda varias horas en descongelarse.

Bacalao al pil-pil

Instrucciones

Se pone a calentar en la fuente de barro 1 dl. de aceite de oliva, con los ajos y un trozo de la guindilla cortados en láminas. Se doran ligeramente y se aparta del fuego la cazuela para que el aceite de enfríe un poco. Se colocan los trozos de bacalao con la piel hacia arriba (ésto es muy importante) y se pone otra vez a fuego medio-bajo. Mientras el bacalao se hace, hay que ir agitando suave pero constantemente la fuente (en horizontal) y cuando el aceite empieza a burbujear se retira del fuego un momento para que se enfríe, sin dejar de agitar suavemente. Antes de que se enfríe demasiado se vuelve a poner al fuego y así una y otra vez, hasta que esté hecho.

Se hace de ese modo porque los ajos y el bacalao sueltan una especie de gelatina que al agitarse se ligan en una salsa deliciosa, que es el pil-pil. Pero para conseguirla y que no se corte, es preciso que la carne del bacalao toque el aceite, que el aceite no este frío pero tampoco muy caliente y que todo junto se vaya mezclando constate y suavemente. Es casi como hacer un alioli, pero a pulso. Si se cocina sobre una superficie que se pueda rallar, como es el caso de una vitrocerámica o una placa de inducción, habrá que sostener la fuente sin tocar el cristal cada vez que se agita. Por eso es un plato "cansado". Pero vale mucho la pena.

Ingredientes

4 trozos del lomo del
   bacalao fresco, con piel
4 dientes de ajo
1 guindilla
   aceite de oliva

Yo prefiero utilizar una cazuela de barro para cocinar este bacalao

No es una receta mía, claro, sino de la más estricta gastronomía vasca; pero la incluyo porque me la enseñó un amigo vasco, gran cocinero, por cierto. Es un plato muy de Txoko (pequeños clubs en los que los hombres vascos se reúnen para cocinar), porque para elaborarlo hacen falta unos buenos bíceps

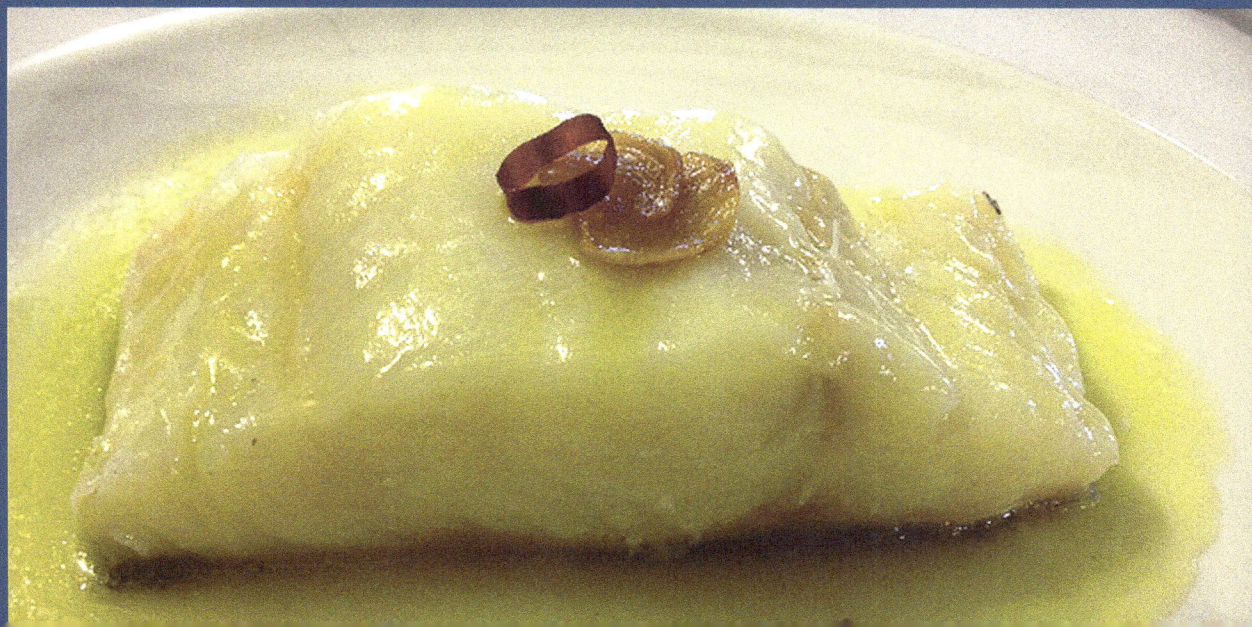

Salsas y Guarniciones

······································

Tener guardadas en el congelador diversas salsas, que combinen con carnes, con pescados, con pasta, con arroz...o que sirvan de aliño a platos fríos como las verduras, las ensaladas vegetales o de legumbres, siempre es una buena idea. Sobretodo es práctica, porque permite improvisar una buena comida o una cena interesante incluso cuando la nevera está prácticamente vacía. Una buena salsa puede convertir en impresionante una aburrida pechuga de pollo a la plancha. En los supermercados hay de todas clases, pero todas tienen ese regusto artificial que no puede competir con una hecha en casa.

Una idea es ir cocinando una cantidad exagerada para los platos que vayamos preparando, de forma que podamos congelar en porciones la que no vayamos a utilizar. Ah, y ¡etiquetarlas siempre!

Salsa de Mostaza y Miel

Ideal para servir con salmón y pescados azules, especialmente supremas de salmón a la plancha.
Este tipo de platos se puede acompañar además de una guarnición de espárragos verdes a la plancha, aliñados con sal Maldon, pimienta y aceite de oliva.

Ingredientes

1 cucharada de mostaza suave
1 cucharada de miel
200 ml. de nata líquida
1 cucharadita de café de harina
1/2 cebolla pequeña
1 cucharada de eneldo
sal, pimienta
aceite de oliva

Instrucciones

Picar muy fino la cebolla y pocharla en una sartén o cazo con aceite de oliva. Cuando esté transparente, añadir la harina y remover bien para que no queden grumos.

Añadir la nata y mezclar bien. Añadir la mostaza, la miel y el eneldo, e ir removiendo constantemente hasta que reduzca, para evitar grumos o que se pegue.

Puré de ciruelas

Ideal para Roast Beef y carnes asadas de sabor intenso, como por ejemplo los platos de caza. Es también un buen acompañamiento de pavo y cerdo asados

Ingredientes

6 ciruelas claudias
1 cebolleta
2 dl. de vino tinto
2 granos de clavo
3 granos de pimienta rosa
3 granos de cardamomo
1 rama de canela
sal, pimienta
aceite de oliva

Instrucciones

Pelar las ciruelas, deshuesarlas y trocearlas.
Pochar en una cazuela con aceite de oliva la cebolla picada fina, hasta que esté transparente.
Añadir las ciruelas y rehogar 2 o 3 minutos. Añadir el vino y las especias y cocer (tapado) a fuego lento para que vaya reduciendo unos minutos más (20' aproximadamente).
Triturar hasta que quede un puré muy fino.

Salsa de Piñones

Adecuada para pasta,
pero también para
arroz y pescados

Ingredientes

piñones sin tostar
albahaca fresca
mayonesa
nata montada

Instrucciones

En una sartén con un poco de aceite tostar los piñones, a fuego suave. Una vez estén tostados, pasarlos al mortero y ahí majarlos bien con la albahaca y 1 diente de ajo (previamente picados).

Cuando tenga ya la consistencia de una pasta, añadir 2 cucharadas soperas rasas de mayonesa, mezclar bien y añadir la nata montada. Batir ligeramente, salpimentar y mezclar hasta obtener la consistencia deseada.

Puré de Manzana

Imprescindible en platos de carne cuyo sabor no se quiera mermar con una salsa potente. Es perfecta para el Roast Beef, para el Filete Wellington, para los Hojaldres de Carne, para el Solomillo de Cerdo...
Como tiene un sabor muy delicado, incluso puede utilizarse como aperitivo, montada sobre un blini con membrillo.

Ingredientes

6 manzanas reinetas (en su defecto van bien las de tipo Golden)
1 cucharadita de café de canela en polvo
mantequilla

Instrucciones

Pelar y trocear las manzanas. Confitarlas en una cazuela con mantequilla y la canela. Cocer una media hora a fuego lento y con la olla tapada, mientras se van derritiendo.

Pasado ese tiempo, triturarlo todo muy bien con una batidora, hasta que quede un fino puré.

Salsa para Carnes y Aves Asadas

No todos los platos generan su propia salsa al cocinarlos, salsa que echaremos de menos en la mesa. Pero se puede fabricar una con los propios restos que hayan quedado en la bandeja del horno y así el sabor será el perfecto para el plato.

Ingredientes

- 3 cucharadas de harina
- 1,5 tazas de caldo de carne o pollo (según sea el plato principal)
  mantequilla
  sal y pimienta
- 1 dl. de brandy o coñac (sólo para los platos de carne)

Instrucciones

En primer lugar hay que "rescatar" todo los jugos que hayan quedado en la fuente de asar, para introducirlos en un vaso separador de grasa (si se tiene) y dejarlos reposar unos minutos: la grasa subirá a la superficie y se podrá separar de lo que es estrictamente el jugo, que habrá que reservar.

Se "rascan" bien todos los restos sólidos (incluidos los tostados) que hayan quedado en la fuente. Cuando estén sueltos se pone la propia fuente sobre fuego suave y se le añade la grasa separada (o mantequilla fundida si no hay suficiente). Cuando se caliente, se espolvorea la harina por encima y con unas varillas se va mezclando todo hasta que no queden grumos. Se añade un poco de caldo caliente y se deja burbujear un par o tres de minutos, para que desaparezca el sabor de la harina.

Se sube el fuego, se vuelca el jugo del asado reservado, se añade un poco de brandy y se hace hervir, mientras se va removiendo todo constantemente durante unos 10', hasta que adquiera una consistencia un poco espesa. Se rectifica de sal y pimienta y, si es necesario, se aligera con un poco más de caldo. Se filtra y se mantiene caliente hasta la hora de servir.

Reducción de Gambas

Más que una salsa, se trata de un condimento que se prepara con aceite y cabezas de gambas o langostinos, pero que resulta imprescindible para dar un toque de sabor muy especial a platos como paellas o fideuàs. Es *"mi toque secreto"*, el que hace que los comensales exclamen *¡Pero qué bueno está!*.

Aprovecho para prepararlo cuando tengo que cocinar algún plato con gambas o langostinos cuyas cabezas no necesitaré. Las separo, preparo esta salsa, la distribuyo en vasitos pequeños -como de chupito- y los congelo. Así siempre tengo. Cuanto mejor sea la calidad de las gambas, mejor sabor tendrá.

Ingredientes

Cabezas de gambas o langostinos crudos

aceite de oliva

la maza del mortero y un colador fino

Instrucciones

Con unas tijeras cortar los bigotes y las patas de las gambas, para que no "ensucien" la sartén y la salsa.

En una sartén grande saltear las cabezas de las gambas en el aceite durante un par de minutos. Pasado ese tiempo, aplastarlas con cuidado con el mazo del mortero, procurando no dañar la sartén. Ir aplastando todo lo que se pueda, porque el objetivo es que todo el jugo del interior de las cabezas salga y se mezcle con el aceite. Seguir rehogando mientras tanto a fuego lento.

Cuando ya no salga más, coger un recipiente y colocar sobre él un colador que encaje bien. Volcar en él todo el contenido de la sartén y continuar majándolo con la maza del mortero, para que el recipiente recoja la mayor cantidad posible de salsa colada.

Salsa de tomate

Un imprescindible en la cocina y básicamente la misma receta del sofrito de tomate, salvo que para para la salsa se emplean muchos más

Ingredientes

1 Kg. de tomates maduros
1 cebolla
1 hoja de laurel
1 diente de ajo
1 dl- de brandy o coñac
sal, pimienta y orégano

Instrucciones

Escalfar los tomates ya lavados en agua hirviendo unos segundos, para poder pelarlos con facilidad. Triturar y reservar.

Pochar la cebolla en aceite con el laurel. Cuando está transparente añadir el tomate triturado, salpimentar y dejar reducir un poco. Añadir el brandy y dejar reducir bastante, a fuego lento y con la sartén tapada. Estará listo cuando haya desaparecido el agua y tenga textura y consistencia de salsa.

Salsa para Pimientos del Piquillo

Acompaña bien a muchos pescados, pero es ideal con pimientos del piquillo rellenos. También es ideal para los platos de bacalao cocinados sin salsa.

Ingredientes

1 cebolla
1 diente de ajo
1 lata de pimiento morrón
2 tomates maduros
200 ml. nata líquida
1 cucharadita de café de harina
1 hoja de laurel
sal, pimienta
aceite de oliva

Instrucciones

Sofreír la cebolla y el ajo bien picados, con una hoja de laurel. Cuando la cebolla está transparente, añadir los pimientos morrones, bien troceados. Rehogar un par de minutos y añadir los tomates rallados, sin piel ni pepitas. Salpimentar y cocer hasta que el tomate ha reducido.

Añadir la nata y la harina, removiendo bien para que no queden grumos *. Cocer a fuego lento 15'. Triturar bien con la batidora hasta que queda una salsa con la textura adecuada. Si es necesario, pasar por el chino.

Para evitar grumos, disolver previamente la harina en un par de cucharadas de nata caliente y añadir a continuación al guiso junto con el resto de la nata.

Bechamel

Es una de esas salsas imprescindibles, porque sin ella no se pueden elaborar muchos platos, como los canelones de carne o lasaña, por ejemplo. Y porque hace muy llevaderos otros que apetecen poco pero que hay que comer, como la coliflor y otras verduras.

Para que su elaboración no de problemas, algo habitual, hay que ser delicado, cuidadoso y no tener prisa.

También se puede congelar en raciones, siempre fría.

Ingredientes

para 1/2 l. de salsa)

- 1/2 l. de leche entera
- 1 rodaja de cebolla de 6 mm. de grueso
- 1/2 hoja de laurel
- 60 gr. de mantequilla fría
- 3 cucharadas de harina
- 1/4 de cucharadita de sal pimienta blanca

Instrucciones

Calentar en un cazo pequeño y a fuego medio, durante 5', la leche, la cebolla y el laurel, hasta que aparezcan pequeñas burbujas en los bordes del cazo. NO hay que dejar que hierva. Retirarlo, taparlo y reservarlo 10'. Pasado ese tiempo, sacar la cebolla y el laurel y volver a reservar tapado.

En otro cazo hay que fundir la mantequilla a fuego medio. Cuando esté fundida y la espuma disminuya, agregar la harina, remover bien con un batidor de varillas, bajar la temperatura y dejar que burbujee 2'. Retirar del fuego y dejar enfriar 1'. Agregar la leche caliente despacio, mientras se va batiendo suavemente de forma constante y regular.

Se vuelve a poner el cazo a fuego lento y se cuece 5' más, removiendo hasta que la salsa espese. Estará lista cuando se pueda pasar el dedo por la cuchara de remover y ésta quede limpia. Se le añade la sal y la pimienta (incluso nuez moscada para darle más sabor), se remueve para mezclar y listo.

Salsa Romesco

Ingredientes

- 3 ñoras deshidratadas
- 3 diente de ajo
- 15 gr. almendras tostadas
- 15 gr. avellanas tostadas
- 6 tomates maduros
- 1/2 cucharadita de pimentón de la Vera
- pimienta de cayena
- vinagre de vino blanco o de manzana
- un poco de pan
- sal y pimienta
- aceite de oliva

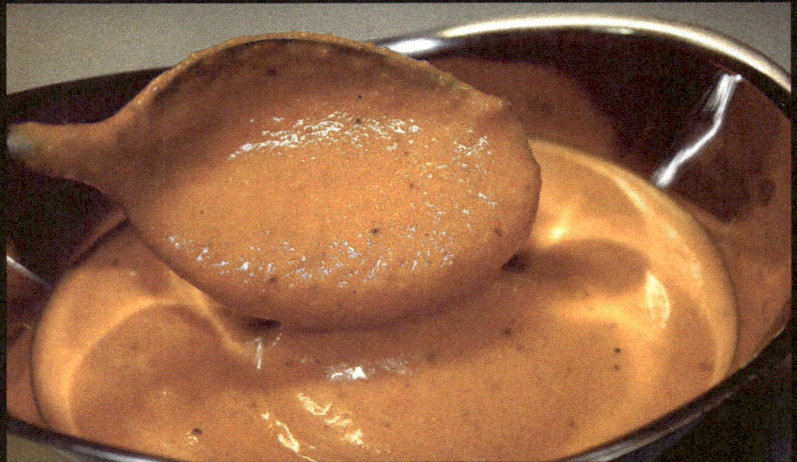

Sin ella los calçots no serían lo mismo. Pero no es esa su única aplicación: resulta imprescindible en platos tradicionales como el Xató de Vilanova o de Sitges, para las parrilladas de pescado (y por extensión para todos los pescados a la plancha), para hacer las verduras al vapor más llevaderas... En definitiva, una salsa muy interesante y útil. Pero también con una cantidad tremenda de calorías, eso sí.

Instrucciones

Poner las ñoras a remojar en agua caliente durante 1 hora para rehidratarlas y poder separar la pulpa de la piel *

Asar en el horno a 190º los tomates y los ajos, con un poco de aceite, durante media hora más o menos. Para que los tomates no se revienten, hay que hacerles un corte en forma de cruz en la parte superior. A media cocción se puede añadir el pan para que se tueste, pero vigilando que no se queme.

Se pelan las almendras y las avellanas, se ponen en un bol profundo y se trituran con la batidora o en el mortero. Se añade el pimentón y el pan, ya tostado y desmenuzado.

Si las ñoras ya están blandas, se abren y se retiran las semillas. A continuación se rasca la pulpa separándola de la piel con una cucharita y se incorpora al bol. Como los tomates y los ajos ya estarán asados, se les retira la piel y se añaden a lo demás.

Ya solo falta aliñar con una cucharada sopera de vinagre, 3 cucharadas soperas de aceite, un poco de sal y pimienta y trabajar todo junto con la batidora, rectificando de sal, aceite o pimienta según se vaya viendo. Y lista para servir.

si no hay tiempo de rehidratar las ñoras, se les puede dar un hervor en un cazo con agua y dejar enfriar. No es lo mismo, pero vale para una emergencia.

Mayonesa

Ingredientes

1 huevo
   aceite de oliva
   unas gotas de limón
   sal

Instrucciones

Separar la clara de la yema. Poner sólo la yema en un bol y añadir unas gotas de limón y un chorrito de aceite de oliva.

Empezar a mezclar con la batidora a velocidad media y, poco a poco, ir incorporando más aceite, pero sin dejar de batir en ningún momento y vigilando que el aceite caiga muy lentamente (apenas un hilillo) y de forma constante, sin interrupciones.

Al cabo de pocos minutos la salsa empezará a espesarse. Se puede dejar de añadir aceite, pero no de batir, hasta que tenga la consistencia deseada.

Si se necesita una cierta cantidad de mayonesa, es mejor hacerla con 2 huevos (o más) que añadir demasiado aceite para conseguir más salsa, porque el sabor no será agradable.

Ésta sí que es una salsa imprescindible de verdad, porque acompaña a muchos platos y porque es un ingrediente esencial en otros muchos. Hoy en día se consume principalmente de tipo industrial, porque aunque no es difícil de hacer, a menudo se "corta" al elaborarla y se tiene que tirar. Pero el sabor no es ni remotamente el mismo. Un "truco" para evitarlo es que todos los ingredientes estén a la misma temperatura: hay que dejar fuera de la nevera al menos desde una hora antes los huevos y el limón.

Hará falta un recipiente que se pueda mantener estable él sólo mientras batimos la salsa, ya que ambas manos estarán ocupadas: una con la batidora y la otra con el aceite. Por cierto, es mejor que el aceite no sea virgen extra, porque le da un sabor excesivamente intenso.

La mayonesa es una salsa que admite muchas variantes en su elaboración, como añadir un poco de mostaza suave, ajo (para hacer un falso alioli), hierbas o especias...

Puré de Patata

La verdad es que con los purés de patatas liofilizados en copos que venden actualmente, ya casi no vale la pena elaborarlos al modo tradicional. Pero nunca está de más saber cómo se hacen, porque ciertamente el sabor es mejor.

El puré de patata es una excelente guarnición, pero también puede ser un primer plato en sí mismo, si se condimenta con trozos de jamón o de bacon, o si se le añade tomate frito y se mezcla bien, o si...

Instrucciones

Hay que lavar bien las patatas y cocerlas en abundante agua hirviendo con sal, hasta que estén tiernas (unos 40' si son de tamaño mediano-grande, un poco más si son muy grandes). Escurrir y dejar enfriar, para poderlas pelar sin quemarse.

Una vez peladas, trocearlas y pasarlas por el pasapurés (como alternativa al pasapurés, el triturador de patatas o un simple tenedor... y paciencia, porque tiene que quedar sin trocitos ni grumos).

Una vez hecho el puré, se añade un trozo de mantequilla, la nuez moscada, se salpimenta y se agrega un poco de leche caliente, pero sólo la suficiente como para que no deje de ser espesa (mejor añadir poco a poco, porque si se vuelve demasiado líquido, ya no servirá como puré). Se mezcla bien y listo.

Ingredientes

1 Kg. de patatas
2 l. de agua
   sal y pimienta
   nuez moscada en polvo
   mantequilla
   leche

Pasapurés

Triturador de patata

Resultan un buen acompañamiento para toda clase de platos. Además, ¿a quien no le gustan las patatas?

Patatas Panadera

Ingredientes

5 patatas
1/2 cebolla en juliana
3 dl. de vino blanco
1 dl. de aceite de oliva
perejil
sal y pimienta

Instrucciones

Pelar las patatas, lavarlas, secarlas bien y cortarlas en láminas de 1 cm. de grosor más o menos. Se colocan en una fuente de horno bien engrasada con aceite, de forma que no se amontonen sino que queden bien extendidas.

La cebolla se corta en juliana, el perejil se pica, y se distribuyen ambas cosas sobre las patatas.

Se salpimenta, se agrega el vino y el aceite y se hornean a 180º durante media hora.

Chalotas glaseadas

Las chalotas son unas cebollitas francesas con un sabor tan interesante, que ellas solas funcionan como una excelente guarnición para platos de carne. Además son fáciles de preparar. Vale la pena tener siempre en la despensa

Ingredientes

chalotas (las necesarias)
100 ml. de Pedro Ximénez
50 gr. de mantequilla
1 cucharada de azúcar
6 granos de cardamomo
6 granos pimienta negra
3 clavos

Instrucciones

Pelar las cebollitas y dorarlas en una sartén con la mantequilla.

Añadir el Pedro Ximénez y el azúcar y remover suavemente hasta que se caramelicen. Añadir las especias y cocer a fuego lento, hasta que las cebollitas estén tiernas.

Postres y Dulces

En lo que a postres se refiere poco puedo ayudarte. La repostería no ha sido nunca mi fuerte, más bien es algo que he eludido siempre que he podido, porque las calorías han sido siempre nuestras mayores enemigas.

Sin embargo debo transmitirte al menos lo más básico de los postres más básicos, que son además los que más te gustan.

Tampoco podían faltar las dos recetas icónicas de repostería de tu abuela Matita, o al menos lo que a mí me llegó y que ahora me apresto a traspasarte como legado culinario familiar.

Aportaciones mías son las galletas de jengibre, el helado de mango y jijona, la mouse de chocolate y la tarta de manzana.

Galletas de Jengibre y Miel

La gracia de este postre radica sobretodo en la decoración de las galletas, porque su elaboración es muy muy fácil. Decoración que dependerá de si los comensales son niños o adultos. En cualquier caso, los moldes corta-galletas de diferentes formas resultan imprescindibles... salvo que seas un artista

Ingredientes

260 gr. harina de repostería (tamizada)
120 gr. mantequilla derretida (pomada
1 huevo
1 cucharadita de jengibre en polvo
1 cucharadita canela en polvo
40 gr. miel de mil flores
50 gr. azúcar glas
1 cucharadita de bicarbonato
10 gr. levadura tipo Royal
sal

Para adornar:
chocolate blanco y negro de cobertura, anises de colores, Lacasitos...

Instrucciones

Mezclar todos los ingredientes en un bol, hasta obtener una masa uniforme.

Cubrir la bandeja del horno con papel sulfurizado (papel vegetal) y extender bien la pasta. Colocar otra hoja de papel sulfurizado encima, y extender toda la pasta con un rodillo, de forma que queda una lámina homogénea de medio cm. de grosor. Enfriar en la nevera durante 15', para que sea más fácil de manejar. Mientras tanto, precalentar el horno a 180º con calor inferior y superior.

Con los moldes corta-pasta, cortar la masa haciendo tantas galletas como se pueda (saldrán unas 60 aproximadamente). Retirar los trozos de masa sobrantes.

Hornear durante 7', o hasta que estén ligeramente doradas. Dejar enfriar.

Mientras, deshacer los chocolates por separado al baño maría y, cuando las galletas estén frías, decorarlas con los chocolates fundidos, los anises, las perlitas...

Nata montada

Un spray de nata nunca se podrá comparar con la nata montada en casa, para cualquier postre. ¡Y es tan fácil de hacer!...
Sólo hay que tener en cuenta que el bol en el que se vaya a batir y la propia nata deben de estar a la misma temperatura, fría. Así que 10' antes de hacerla, es bueno meter ambas cosas en el congelador.

Instrucciones

Con la batidora de varillas ir trabajando la nata para montar, hasta que alcance la textura adecuada. Se le puede añadir azúcar al principio si se desea más dulce.

Helado de Mango y Jijona

5'

Simplemente delicioso

Ingredientes

helado de mango
helado de turrón de jijona
menta fresca
tulipas de galleta

Instrucciones

En un recipiente bonito, como por ejemplo una tulipa de galleta, colocar una bola de helado de mango y otra de helado de turrón de jijona, decoradas con unas hojitas de menta

Mousse de Chocolate

Un postre para quedar muy bien no tiene por qué ser complicado. A menudo la presentación lo es todo. Y la presentación es importante porque los platos que se disfrutan también por la vista, ponen a los comensales de mucho mejor humor. Y eso es algo que los invitados siempre agradecen.

Instrucciones

Poner un cazo al baño maría y deshacer en él el chocolate, con un poco de mantequilla.

Separar las claras de las yemas. Batir las yemas y reservar. Batir las claras a punto de nieve y reservar.

Una vez deshecho el chocolate, añadirle las yemas, incorporar a continuación las claras a punto de nieve, una cucharada rasa de azúcar y un chorrito de ron.

Mezclar bien, distribuir en recipientes individuales y dejar enfriar en la nevera 4 horas

Antes de servir, decorarlo y darle una buena presentación

Ingredientes

Por persona:

50 gr. de chocolate sin leche
1 huevo
1 cucharada rasa de azúcar

mantequilla
ron
decoración (fresas, nata, anises, virutas de chocolate, barquillos, hojas de menta, frutas escarchadas...

Pastel de Manzana

Instrucciones

Rayar la piel del limón y reservar. Cortarlo por la mitad. Pelar las manzanas e inmediatamente frotarlas contra el limón para que no ennegrezcan. Clavar el quitacorazones en el limón y a continuación quitar los corazones de las manzanas (así se evita que se ennegrezcan las manzanas por el centro). Partir las manzanas por la mitad (en vertical) y cortar cada mitad en lonchas finas. Exprimir los dos trozos de limón y, con el zumo, rociar los trozos de manzana.

Untar el molde con mantequilla. Colocar una primera capa de lonchas de manzana y espolvorear con un poco de canela. Repetir una segunda capa y, si sobran trozos, una tercera.

Separar las yemas de las claras en los huevos y reservar ambas. Batir la mantequilla con el azúcar hasta que quede una pomada un tanto espumosa. Añadir las yemas de huevo y volver a batir. Añadir las claras poco a poco mientras se sigue batiendo con cuidado (a mano o con la batidora de varillas, pero a la velocidad más lenta).

Mezclar bien la harina con la levadura y añadirlo a la pasta de mantequilla y huevo, mezclando e integrando bien todo. Verter sobre las manzanas, de forma que queden bien cubiertas, rellenando los huecos que puedan quedar. Introducir en el horno a 180º (ya precalentado) y cocer unos 25/30' (vigilando que no se queme) (en fuente de silicona tarda menos).

Una vez fría o templada, se puede servir en el mismo molde o desmoldar en una bandeja; espolvorear la superficie con azúcar lustre. Se puede añadir incluso nata montada por encima.

Ingredientes

1/2 Kg.. de manzanas Golden
175 gr. azúcar moreno
1 cucharadita canela polvo
1 limón
3 huevos
100 gr. harina
100 gr. mantequilla
1 cucharadita de levadura
en polvo
azúcar lustre

Harán falta un molde de porcelana de paredes acanaladas de 30 cm. de diámetro y un quitacorazones de manzana

Flan de huevo

Un clásico, que siempre es mejor preparar el día antes.

Instrucciones

Hay que empezar por el caramelo. Cocer en un cazo a temperatura media y sin remover, el azúcar granulado, el agua y finalmente las gotas de limón. Es importante incorporar los ingredientes exactamente en ese orden. Cuando empiecen a formarse pequeñas burbujas y el azúcar cambie de color, ya se puede remover todo con cuchara de madera, para que se mezclen bien los ingredientes.

Se retira del fuego y se sigue removiendo hasta que se vuelva del color del caramelo. Se añaden unas gotas más de limón para que le de brillo y no cristalice enseguida. Se deja templar un minuto y se echa en la flanera, primero hasta cubrir el fondo y después, girándola un poco inclinada, hasta impregnar las paredes. Se deja enfriar hasta que esté un poco duro.

Batir en un bol los huevos y las yemas, el azúcar y la leche, hasta que quede una masa cremosa y un poco espumosa. Rellenar con ella una flanera grande, o bien repartirla en moldes individuales. Cubrirlos bien con papel de aluminio.

Rellenar la bandeja más honda del horno con agua y calentarla en el horno a 200º. Cuando el agua alcance temperatura, colocar dentro las flaneras y cocerlas durante 1h.
Dejar que se enfríen a temperatura ambiente antes de meterlos en la nevera hasta la hora de servir. Desmoldar sobre un plato.

Ingredientes

Para el flan:

- 6 yemas de huevo
- 3 huevos grandes
- 200 gr. de azúcar
- 750 ml. leche entera

Para el caramelo:

- 5 cucharaditas de azúcar granulado blanco
- 3 cucharadas de agua gotas de limón exprimido

Natillas

Las de toda la vida. Fáciles de hacer y siempre apetecibles. Además, como en la nevera se conservan bien, siempre se puede hacer una buena cantidad y repartirla en recipientes individuales, para varios días...

Ingredientes

    1 l. de leche
  150 gr. de azúcar
   12 yemas de huevo
    1 vaina de vainilla
    6 galletas
       canela en polvo

Instrucciones

Separar las yemas de las claras. Poner las yemas en un bol grande y batirlas bien. Añadir un vaso de la leche y mezclar.

Poner el resto de la leche en una cazuela, añadir la vaina de vainilla abierta a lo largo y el azúcar y cocer todo junto a fuego suave, hasta que empiece a hervir. Coger un par de cazos de la leche y añadirlos a las yemas batidas, remover y volcar en la leche todo el bol de yemas batidas.

Cocinarlo a fuego lento sin dejar que llegue a hervir, removiendo constantemente, hasta que tenga "cuerpo" (textura de natilla).

Pasarlas a un bol grande (o vasitos individuales) y dejar que se enfríe. Antes de servir se puede espolvorear con un poco de canela y adornarlas con una galleta, o bien espolvorear azúcar y quemarlo con un soplete, hasta que quede una costra crujiente

Arroz con leche

Otro clásico, que también se puede conservar en la nevera durante unos días en raciones individuales, porque, bien hecho, es realmente laborioso.

Instrucciones

Primero hay que aromatizar la leche: lavar bien el limón y pelarlo, intentando que la piel quede fina, sin "blanco". Poner a hervir 2 l. de leche (reservar el resto) a fuego medio y, cuanto está a punto de entrar en ebullición, bajar el fuego, añadir la piel del limón y la rama de canela, retirar el cazo del fuego y dejarlo reposar 5'.

En otra cazuela poner a hervir el agua y añadirle el arroz con una pizca de sal. Cocer 10' (o hasta que el arroz haya chupado todo el agua) y añadirlo a la cazuela de la leche. Continuar con la cocción durante 1 hora, a fuego lento, removiendo de vez en cuando para que no se pegue.

Pasado ese tiempo se añade el medio litro de leche reservada y se cuece otra hora lentamente, removiendo de vez en cuando para conseguir la mayor cremosidad. Se le añade el azúcar, se remueve un poco más y se retira del fuego.

Ya se puede distribuir en recipientes individuales, preferiblemente planos. Se espolvorea la superficie con una mezcla de azúcar y canela en polvo. También se puede tostar con un soplete de cocina, para que quede la placa de azúcar crujiente.

Ingredientes

2,5 l. de leche entera
200 ml. de agua
200 gr. de arroz bomba
150 gr. de azúcar
1 limón
1 canela en rama
canela en polvo

para el espolvoreado final:
100 gr. de azúcar
10 gr. de canela en polvo

Torrijas

Este es uno de los postres más tradicionales en España y es muy típico tomarlo en Semana Santa.

Se suele utilizar pan del día anterior: una barra de pan ancho y esponjoso es lo ideal. Venden incluso pan especial para torrijas, aunque también se puede utilizar pan de molde

Instrucciones

Colocar las rebanadas de pan en una fuente con paredes laterales. Poner a hervir la leche con 200 gr. de azúcar, las pieles de naranja y de limón y las ramas de canela, durante 5'. Colar y verter sobre el pan. Dejar macerar 15'.

Preparar un almíbar, cociendo en un cazo, a fuego lento y durante 15', el agua, 300 gr. de azúcar y el brandy. Dejarlo enfriar.

Batir los huevos, pasar por ellos el pan y freírlo en abundante aceite, hasta que esté dorado. Dejarlo escurrir sobre papel absorbente.

Colocar las rebanadas sobre la fuente de servir y verter el almíbar por encima. Otra forma, menos empalagosa, es sustituir el almíbar por una mezcla de azúcar y canela en polvo, que se espolvorea por encima una vez fritas. A mí me gusta más

Ingredientes

- 1 barra de pan ancho
- 1 l. de leche
- 1 piel de naranja
- 1 piel de limón
- 2 canela en rama
- 6 huevos
- 500 gr. azúcar
- 500 ml. de agua
- 2 cucharadas de brandy
  aceite de oliva

El Bizcocho de Matita

No podían faltar las recetas más emblemáticas de tu abuela Margarita: su famoso pastel y su no menos famoso puding, el que siempre le pedías cuando ibas a verla.

Instrucciones

Untar con mantequilla un molde desmontable.
Mezclar en un bol todos los ingredientes y volcarlos en el molde.

Cocer en el horno, precalentado a 160°, durante 35'

Ingredientes

3 huevos
1,5 sobre de levadura Royal
1 yogurt de limón
1 vasito de yogurt de aceite de oliva
2 vasitos de yogurt de azúcar
3 vasitos de yogurt de harina
piel rayada de limón
mantequilla

El Puding de Matita

Instrucciones

Desmigar el pan mojado en leche y mezclar bien todos los ingredientes, excepto las pasas, hasta que quede una pasta fina.

Untar con mantequilla el molde que se vaya a utilizar y rellenarlo a capas, colocando las pasas entre capa y capa*.

Hornear a 180º hasta que al pinchar el puding con un cuchillo fino, éste salga seco. El último toque es rociarlo con un pequeño chorrito de ron nada más salir del horno y antes de que se enfríe (realmente pequeño, porque de lo contrario se convierte en un "borracho").

Aunque ya no sería estrictamente la receta de Matita, las pasas se puede sustituir por algún otro ingrediente, como trozos pequeños de manzana, arándanos, pepitas de chocolate...

Ingredientes

4 cucharadas soperas de azúcar
1 cucharadita de canela en polvo
4 huevos
pasas de uva (no de corinto)
piel de limón troceada
mendrugos de pan seco empapados en leche

Recetas para Javier

Los platos que hemos comido en casa:
mis propias recetas y las que he
adaptado a mi manera

Paloma Soler

Índice de Recetas

APERITIVOS

SOPAS Y CREMAS

HUEVOS Y ENTRANTES

ARROCES Y PASTAS

VERDURAS Y LEGUMBRES

CARNE Y PESCADO

SALSAS Y GUARNICIONES

POSTRES Y DULCES

Índice Alfabético

Notas

Notas

Lightning Source UK Ltd.
Milton Keynes UK
UKHW050954170921
390725UK00004B/39